L'ENSENYAMENT DEL CATALÀ ALS TERRITORIS DE PARLA CATALANA. ESTAT DE LA QÜESTIÓ I PERSPECTIVES DE FUTUR

L'ENSENYAMENT DEL CATALÀ ALS TERRITORIS DE PARLA CATALANA. ESTAT DE LA QÜESTIÓ I PERSPECTIVES DE FUTUR

Núria Camps, Mariona Casas,
Llorenç Comajoan i Teresa Puntí
(Coords.)

Universitat de Vic - Universitat Central de Catalunya
Facultat d'Educació, Traducció i Ciències Humanes

Primera edició: desembre de 2016

Imprès a Romanyà Valls, SA

ISBN: 978-84-945564-0-1
Dipòsit Legal: B9096-2016

SUMARI

IV SIMPOSI INTERNACIONAL SOBRE L'ENSENYAMENT DEL CATALÀ

ORGANITZACIÓ:

Universitat de Vic - Universitat Central de Catalunya. Facultat d'Educació, Traducció i Ciències Humanes. Grup de Recerca en Educació, Llenguatge i Literatura (GRELL). Centre d'Innovació i Formació en Educació (CIFE)

Departament de Cultura. Direcció General de Política Lingüística

Departament d'Ensenyament. Subdirecció General de Llengua i Plurilingüisme

Departament d'Economia i Coneixement. Direcció General d'Universitats

Ajuntament de Vic

Secció Filològica de l'Institut d'Estudis Catalans

Consorci per a la Normalització Lingüística

Institut Ramon Llull

Xarxa Vives d'Universitats

SECRETARIA PERMANENT:

Maria Carme Bernal. Dept. de Filologia i Didàctica de la Llengua i la Literatura, UVic-UCC

Gemma Bonet. Oficina de Política Lingüística d'Universitats i Recerca. Llengua i Serveis Lingüístics Universitaris

Mariona Casas. Dept. de Filologia i Didàctica de la Llengua i la Literatura, UVic-UCC (GRELL)

Llorenç Comajoan. Dept. de Filologia i Didàctica de la Llengua i la Literatura, UVic-UCC (Coordinador del GRELL)

Montserrat Gimeno. Màster de Formació de Professorat de Català per a Persones Adultes (UB/UVic-UCC)

Ignasi Massaguer. Institut Ramon Llull

Pere Mayans. Servei d'Immersió i Acolliment Lingüístics. Departament d'Ensenyament

Montserrat Montagut. Direcció General de Política Lingüística. Departament de Cultura

Teresa Puntí. Dept. de Filologia i Didàctica de la Llengua i la Literatura de la UVic-UCC (GRELL)

Dolors Solà. Centre de Normalització Lingüística d'Osona. CPNL

Núria Camps. Dept. de Filologia i Didàctica de la Llengua i la Literatura de la UVic-UCC (Secretaria tècnica)

COMITÈ CIENTÍFIC:

Assumpta Fargas (UVic-UCC, GRELL)
Presidenta

Joan Badia (Fundació Universitària del Bages)

Carme Bové (Consorci per a la Normalització Lingüística)

Joan Manuel del Pozo (Universitat de Girona)

Montserrat Gimeno (Experta en formació d'adults)

Virginia Larraz (Universitat d'Andorra)

Joan Melià (Universitat de les Illes Balears)

Marta Milian (Universitat Autònoma de Barcelona)

Carme Muñoz (Universitat de Barcelona)

Joan Peytaví (Universitat de Perpinyà)

Carme Rodríguez (Universitat de València)

Pilar Sagasta (Universitat de Mondragon)

Cristina Sanz (Universitat de Georgetown)

Enric Serra (Universitat Autònoma de Barcelona)

Carsten Sinner (Universitat de Leipzig)

Josep Miquel Sobrer (Universitat d'Indiana)

Gemma Verdés (EOI Barcelona Drassanes)

PRESENTACIÓ

Els dies 4 i 5 d'abril de 2014, la Universitat de Vic - Universitat Central de Catalunya (UVic-UCC) va acollir el 4t Simposi Internacional sobre l'Ensenyament del Català (SIEC), que va representar la continuació dels tres simposis anteriors sobre l'ensenyament del català a no catalanoparlants, celebrats també a Vic els anys 1981, 1991 i 2002. La quarta edició d'aquest simposi va aplegar més de 300 assistents i s'hi van presentar més d'un centenar de comunicacions i ponències. En aquesta trobada es va reflexionar i debatre sobre la situació actual de l'ensenyament del català en els diferents nivells educatius i als diferents territoris de parla catalana i de l'estranger. S'hi van exposar les aportacions més actuals de les disciplines relacionades amb l'adquisició i l'aprenentatge de llengües (primeres i segones) i també es van apuntar les direccions que caldria seguir en un futur de cara a l'ensenyament del català.

En els simposis anteriors s'havien reunit a Vic professionals de l'educació per analitzar l'evolució pedagògica en l'ensenyament de la llengua catalana i els canvis en la situació sociolingüística de la nostra societat. El 1981, el 1r Simposi sobre l'Ensenyament del Català a no Catalanoparlants s'havia celebrat a l'antiga Escola de Mestres d'Osona, embrió de l'actual Universitat de Vic - Universitat Central de Catalunya, i hi van participar més d'un miler de congressistes. En la sessió de cloenda, reclamaven per al català la superació de les tres hores que en aquells moments s'impartien a les escoles de Catalunya per tal que ocupés el lloc central que li corresponia com a llengua pròpia dels Països Catalans.

Deu anys més tard, el 1991, es va celebrar el 2n Simposi sobre l'Ensenyament del Català a no Catalanoparlants, que va tornar a aplegar a Vic, als aleshores Estudis Universitaris de Vic, també prop d'un miler de participants. En aquella trobada es va constatar que l'ensenyament del català en els darrers deu anys havia experimentat un desenvolupament estimable, alhora que es denunciaven les dificultats existents perquè els coneixements adquirits es reflectissin en un increment de l'ús social de la llengua.

Una dècada més tard, el 2002, es va celebrar el 3r Simposi sobre l'Ensenyament del Català a no Catalanoparlants, que va reunir a la ja Universitat de Vic (UVic) al voltant de 700 participants. En aquella ocasió, professionals de l'educació procedents dels diferents territoris de parla catalana van analitzar els canvis en la situació sociolingüística de la nostra societat, uns canvis derivats, sobretot, de la incorporació de persones nouvingudes procedents de realitats culturals i lingüístiques molt diverses.

El 2013, quan el quart simposi va començar a prendre forma, es va veure la necessitat de revisar els que havien estat temes centrals dels simposis anteriors, com ara els programes d'immersió o la relació entre coneixement i ús de la llengua. També es va tenir present l'aparició de noves realitats —impensables ara fa un quart de segle i força remotes deu anys enrere— amb grans repercussions per a la llengua, com ara les noves migracions i la presència del plurilingüisme a les escoles, l'impacte de les tecnologies o els efectes que pot generar l'actual conjuntura de crisi a la nostra societat en l'ensenyament i l'aprenentatge de la llengua catalana.

Més enllà de la mera raó cronològica, la necessitat de retrobar-se per valorar la situació de l'ensenyament de la llengua catalana al segle XXI i per apuntar les direccions que s'han de seguir en un futur va justificar una quarta edició del simposi. La perspectiva de més de dues dècades des de la primera edició i els nous contextos multilingües en l'àmbit de l'ensenyament de la llengua catalana van requerir un replantejament a l'hora d'enfocar aquesta nova edició.

Tenint en compte aquest nou context, la quarta edició del simposi va tenir un marcat caràcter internacional, tant per la presència de ponents de fora de Catalunya, com per la constitució d'un comitè científic format per experts de diverses disciplines, amb una notable representació d'investigadors d'universitats estrangeres. Aquesta projecció internacional també es va fer palesa en les comunicacions presentades sobre l'ensenyament del català a diferents universitats del món.

L'organització del 4t Simposi Internacional sobre l'Ensenyament del Català va anar a càrrec del Departament de Filologia i de Didàctica de la Llengua i la Literatura i del Grup de Recerca en Educació, Llenguatge i Literatura (GRELL) de la Facultat d'Educació, Traducció i Ciències Humanes de la UVic-UCC. Va comptar amb el suport del Departament d'Ensenyament, el Departament de Cultura i la Secretaria General d'Universitats i Recerca, a més de la secció Filològica de l'Institut d'Estudis Catalans, de totes les universitats catalanes a través de la Xarxa Vives d'Universitats, de l'Ajuntament de Vic, del Consorci per a la Normalització Lingüística i de l'Institut Ramon Llull.

El 4t Simposi Internacional sobre l'Ensenyament del Català va oferir un espai de reflexió i de debat per tal d'assolir els tres objectius següents:

- Conèixer la situació de l'ensenyament del català en els diferents nivells educatius i, preferentment, als diferents territoris de parla catalana, així com les aportacions més recents que ofereixen les diferents disciplines relacionades amb l'adquisició i l'aprenentatge de segones i terceres llengües.
- Intercanviar tota mena de recerques, experiències i reflexions encaminades a difondre el coneixement i l'ús de la llengua catalana entre aquells que no la tenen com a familiar.
- Apuntar noves línies d'actuació a partir de la reflexió i el debat.

El simposi va tractar els quatre eixos següents: 1) Llengua, cultura i societat; 2) Didàctica de la llengua; 3) Adquisició i aprenentatge de llengües; i 4) Formació del professorat.

En aquest volum, titulat *L'ensenyament del català als territoris de parla catalana. Estat de la qüestió i perspectives de futur*, s'hi recullen en suport paper quatre reflexions generals, en formats diversos, dels ponents convidats al simposi, juntament amb les conclusions finals i, en suport CD-ROM, una selecció de comunicacions presentades al quart simposi.

La primera aportació dels ponents és de Roy Lyster, professor del Departament d'Estudis Integrats en Educació de la McGill University (Quebec), que proposa com integrar la llengua i l'atenció a la forma amb les estratègies de correcció en el currículum d'immersió.

En segon lloc, es presenta una reflexió dual sobre la formació dels docents de llengua. D'una banda, Francesc Codina, professor de la UVic-UCC, reflexiona sobre les competències professionals dels docents de llengua. D'altra banda, Olga Esteve, professora de la Universitat Pompeu Fabra, presenta un programa de formació del professorat basat en la reflexió crítica i les pràctiques d'indagació.

En tercer lloc, Joaquim Dolz-Mestre, catedràtic de didàctica de les llengües a la Facultat de Psicologia i Ciències de l'Educació de la Universitat de Ginebra (Suïssa), conversa a l'entorn de les dificultats d'ensenyament i aprenentatge de la composició escrita, com també de les pràctiques d'ensenyament i de la formació del professorat de llengües. Es tracta d'una aportació, en format entrevista, en què l'autor dialoga amb Mariona Casas, professora de la UVic-UCC.

Finalment, es recullen les idees clau desenvolupades a la taula rodona *Per una interacció social i comunicativa eficaç: el lloc de la normativa en l'aprenentatge i l'ús de la llengua*, en què hi van participar Isidor Marí (Institut d'Estudis Catalans), Assumpta Fargas (UVic-UCC), Vicent Pascual (Institut d'Estudis Catalans), Carme Vilà (professora de llengua a l'educació secundària) i Imma Buñuel (mestra d'educació primària i assessora LIC).

El volum es tanca amb les *Conclusions del Simposi*, que van ser redactades per una comissió en el decurs del Simposi i que es van fer públiques de manera provisional en l'acte de cloenda. Posteriorment, van ser ratificades i aprovades pel comitè organitzador. En les conclusions es van recollir les aportacions dels dos dies de treball del Simposi i es van apuntar també algunes perspectives i reptes de futur. Entre aquests reptes es va reclamar el compromís ferm amb la llengua i la cultura catalanes per part de tota la societat, en general, i al conjunt de la comunitat educativa i institucional, en particular. També s'hi fa una defensa decidida davant de qualsevol agressió a l'ús del català que pugui impedir l'exercici dels nostres drets lingüístics.

Finalment, el volum inclou, en format CD-ROM, una selecció d'una cinquantena de comunicacions que s'estructuren a l'entorn dels quatre eixos del Simposi: «Llengua, cultura, societat i polítiques educatives», «Didàctica de la llengua», «Adquisició i aprenentatge de llengües» i «Formació del professorat».

Des del comitè organitzador no podem sinó expressar el nostre reconeixement a totes les persones i institucions que d'una manera o altra van respondre un cop més a la convocatòria. Us convidem a la lectura d'aquest conjunt de reflexions, experiències i recerques i esperem que propiciïn noves aportacions en vistes a un altre simposi.

Comitè organitzador
Vic, desembre de 2015

CONFERÈNCIES PLENÀRIES

LA INTEGRACIÓ DE LA LLENGUA AL CURRÍCULUM D'IMMERSIÓ*

Roy Lyster
McGill University

Abstract

This paper draws on classroom research undertaken in Montreal over the past 15 years to explore different ways of incorporating a stronger language focus across the immersion curriculum. Three specific ways of counterbalancing language and content in immersion classrooms will be elaborated: (a) the provision of corrective feedback during classroom interaction, (b) the integration of a language focus in content areas, and (c) the use of cross-lingual pedagogy. In addition to illustrating how teachers can integrate language across the immersion curriculum in these ways, the positive effects that such interventions have had on students' second language (L2) development will also be reported.

Resum

Aquest article té el seu origen en la recerca d'aula duta a terme a Montreal durant els darrers 15 anys per explorar diferents maneres d'incorporar una major focalització en la llengua en el currículum d'immersió. S'abordaran tres maneres específiques d'integrar (*counterbalance*) llengua i contingut a les classes d'immersió: (a) oferir *feedback* correctiu durant la interacció a l'aula, (b) integrar el focus en la llengua en àrees de contingut i (c) posar en pràctica la pedagogia interlingüística. A més d'il·lustrar com el professorat pot integrar la llengua en el currículum d'immersió, també es presenten els efectes positius que aquestes intervencions han tingut en el desenvolupament de la segona llengua (L2) dels alumnes.

* Traducció de l'original en anglès per Núria Camps (UVic-UCC)

1. Introducció

La recerca portada a terme al Canadà ha demostrat clarament que els alumnes d'immersió en francès desenvolupen nivells molt més elevats de proficiència en L2 que els que no són d'immersió i que estudien l'L2 com a assignatura regular (és a dir una sessió per dia). A més, els alumnes d'immersió també desenvolupen (a) unes habilitats de comprensió quasi natives, tal com demostren els testos de comprensió lectora i oral i (b) un nivell elevat de fluïdesa i confiança en l'ús de l'L2. Amb tot, les seves habilitats de producció es consideren no similars a les natives pel que fa a correcció gramatical, varietat lèxica i adequació sociolingüística (Harley, Cummins, Swain i Allen, 1990).

Per explicar els nivells inferiors als previstos en habilitats productives, Swain (1988) planteja que l'ensenyament de continguts, en si mateix, no garanteix necessàriament un bon ensenyament de llengües a causa del ventall limitat de formes i funcions lingüístiques a les quals exposa els alumnes. Un exemple molt rellevant en aquest sentit fa referència al repertori de temps verbals utilitzats pels professors d'immersió en francès a Ontario (Swain, 1988) i al Quebec (Lyster, 2007). En ambdós contextos, el 74-75% de tots els verbs utilitzats es restringiren al present o a formes imperatives, mentre que només el 14-15% estaven en passat, el 6-8% en futur i el 3% en mode condicional.

Amb tot, Swain (1988) també argumenta que encara que els aprenents estiguin exposats a un *input* més ric i variat, la mera exposició resulta insuficient per impulsar el desenvolupament de l'L2. Això és perquè els alumnes per als quals la preocupació principal és aprendre continguts poden adquirir-los a través del processament semàntic, que no requereix coneixement sintàctic ni morfològic precís de la llengua meta. Poden evitar la sintaxi i la morfologia recorrent a «magatzems molt més grans de coneixement esquemàtic i contextual» (Skehan, 1998, p. 26) i al processament mental que «es pot dur a terme en la llengua materna o d'alguna altra manera independent de la llengua» (Cameron, 2001, p. 40).

Com a conseqüència, hi ha unanimitat a l'hora de demanar una major focalització en la llengua en el marc de la pedagogia de la immersió, no només en benefici d'una major correcció sinó també per fer que els aprenents assoleixin els alts nivells de proficiència oral i escrita requerits per a l'alfabetització acadèmica i l'èxit escolar. Tot i que els investigadors coincideixen en el fet que la focalització en la llengua en el marc de la pedagogia de la immersió ha de ser menys incidental i més intencional, no apel·len a una formació lingüística més tradicional com a solució. En comptes d'això, s'han fet diverses propostes per millorar els resultats en la llengua meta en immersió i la majoria estan relacionades amb una integració més sistemàtica de la llengua i el contingut. Tal com suggereix Lightbown (2014), mantenir llengua i continguts separats, com es va observar en moltes classes d'immersió (p.e., Allen, Swain, Harley i Cummins, 1990), «pot privar els alumnes de tenir oportunitats per centrar-se en les característiques específiques de la llengua en el moment precís en el qual la seva motivació per aprendre estigui en el seu punt àlgid» (p. 30).

Una manera d'integrar llengua i contingut en immersió és a través d'un enfocament integrat o de reequilibri (*counterbalanced instruction*) que dóna als objectius de llengua i de continguts un estatus complementari (Lyster, 2007). L'enfocament integrat o de reequilibri es val de la interacció dinàmica entre els enfocaments centrats en la forma i els centrats en el significat en l'ensenyament de la llengua estrangera. Ho fa alternant l'atenció dels alumnes entre llengua i contingut, en especial envers la llengua si la classe s'orienta principalment al contingut, com sovint és el cas en les classes d'immersió, o envers el contingut si el context general de classe és predominantment orientat a la llengua, tal com passa en moltes classes de llengua estrangera.

El propòsit d'aquest capítol és suggerir tres maneres que tenen els professors a la seva disposició per fer que la seva formació sigui reequilibrada (*counterbalanced*) per tal d'assegurar una major focalització en la llengua en immersió: (a) *feedback* correctiu per dirigir l'atenció a la llengua durant la interacció oral, (b) integració de llengua i contingut per alternar l'atenció dels alumnes entre la llengua i el contingut i (c) pedagogia interlingüística per enfortir les connexions entre l'L2 i la llengua inicial (L1).

2. *Feedback* correctiu

La primera manera d'integrar el focus en la llengua és a través de l'ús del *feedback* correctiu, definit de manera simple com «les respostes als enunciats dels aprenents que contenen un error» (Ellis, 2006, p. 28) però també com «un fenomen complex amb diverses funcions» (Chaudron, 1988, p. 152). La seva complexitat en el discurs de classe deriva de com a mínim tres fonts. En primer lloc, les seves múltiples funcions discursives no sempre tenen la intenció de ser correctives (p.e., Lyster, 1998). En segon lloc, els professors dubten sobre si interrompre els alumnes encara que el *feedback* correctiu pugui ser el més efectiu durant la interacció quan els alumnes tenen alguna cosa significativa per dir (p.e., Lightbown, 1998). Per últim, els professors són reticents a proporcionar *feedback* correctiu, ja que creuen que els alumnes prefereixen no ser corregits, però els alumnes tendeixen a mostrar una forta preferència per rebre *feedback* (p.e., Schulz, 2001). Malgrat aquestes fonts de tensió en el discurs de classe, l'efectivitat del *feedback* correctiu oral ha estat confirmada tant per una revisió metaanalítica (Li, 2010; Lyster i Saito, 2010) com per una revisió narrativa (Lyster, Saito i Sato, 2013).

Una manera de classificar diferents tipus de *feedback* correctiu és distingir entre proporcionar formes de la llengua meta o no. Una distinció d'aquest tipus és la que Ranta i Lyster (2007) establiren entre *represes* (*reformulations*) i *incitacions* (*prompts*). D'una banda, les represes inclouen les reformulacions (*recasts*) i la correcció explícita (*explicit correction*). En tots dos casos es proporcionen als aprenents reformulacions en llengua meta a partir d'una producció errònia, tal com s'il·lustra en els següents exemples (E: estudiant, P: professor):

1. Correcció explícita (Lyster i Ranta, 1997)

   E: *Tallem els brins de palla en sis gruixos diferents...*
   P: *...Cal que utilitzis la paraula "llargada". ...No gruixos.*

2. Reformulació (Lightbown i Spada, 2013)

   E1: *Per què t'agrada no en Marc?*
   P: *Per què no t'agrada en Marc?*
   E2: *No ho sé, no m'agrada.*

D'altra banda, les incitacions són senyals que empenyen els aprenents a l'autoreparació sense proporcionar-los la forma correcta, tal com il·lustren els següents exemples de petició d'aclariment, repetició de l'error, pista metalingüística i elicitació:

3. Petició d'aclariment (Lyster, Collins i Ballinger, 2009)
   E: *Quan ells foc els llibres...*
   P: *Quan ells què?*
   E: *Quan ells foc els llibres.*
   P: *Què volen dir quan diuen que ells foc els llibres?*
4. Repetició (Lyster, 2007)
   E: *Ell saltar.*
   P: *Ell saltar?*
5. Pista metalingüística (Gibbons, 2003)
   E: *Vam descobrir que els del nord i els del sud no s'aguanten els uns als altres.*
   P: *Vinga fem servir un llenguatge més científic...*
6. Elicitació (Lyster et al., 2009)
   E: *Ells van entrar... ells van entrar a la seva choza.*
   P: *Ells van entrar a la seva choza. Quina altra paraula podem utilitzar en comptes de choza?*

Els professors d'immersió han de ser capaços d'orquestrar tots aquests tipus de *feedback* d'acord amb les habilitats lingüístiques dels seus alumnes i la familiaritat del contingut. Depenent del context interaccional, és probable que els aprenents detectin la qualitat correctiva de les reformulacions, especialment en els casos en què han estat escurçades i/o pronunciades amb una inflexió més forta per remarcar l'error. També són beneficioses les reformulacions ofertes per un professor per posar bastides (*scaffold*) a la interacció durant la instrucció quan les formes de la llengua meta estan per sobre de les habilitats actuals d'un aprenent. Tal com van concloure Nicholas, Lightbown i Spada (2001), malgrat tot, «hi ha un punt més enllà del qual les reformulacions són ineficaces a l'hora de canviar les interllengües ja estabilitzades» (p. 752). És a dir, més enllà d'aquest punt, és probable que els alumnes es beneficiïn més si se'ls empeny a fer una autoreparació mitjançant incitacions, en especial en els casos en què les reformulacions podrien ser percebudes de manera ambigua, com si fossin proves per acceptar l'ús de formes incorrectes, i en què els aprenents han arribat a un estadi estable del seu desenvolupament en l'ús de formes no correctes.

L'ambigüitat potencial de les reformulacions té el seu origen en la competència d'aquestes amb les repeticions freqüents per part dels professors dels enunciats que els alumnes construeixen per confirmar el significat referencial, mentre guanyen temps per planificar el següent moviment i, sovint, per «retransmetre» el missatge de l'alumne i assegurar que tota la classe l'ha sentit (Weiner i Goodenough, 1977). Vaig descobrir que els professors d'immersió en francès repetien els enunciats ben construïts dels alumnes encara amb més freqüència que quan reformulaven enunciats mal construïts. Tot això, en conjunt —repeticions no correctives i reformulacions—, es donava després de quasi un terç de tots els enunciats dels alumnes, tant amb la finalitat de confirmar el contingut com d'elicitar informació addicional relacionada amb el missatge de l'alumne (Lyster, 1998). Vaig concloure que les repeticions no correctives i les reformulacions probablement convergeixen per crear contextos d'*ambivalència pragmàtica* per mitjà dels quals els joves alumnes d'immersió perceben ambdues opcions com una forma de *feedback* positiu que confirma el contingut del seu missatge.

Des de perspectives teòriques, s'ha formulat la hipòtesi que les reformulacions creen oportunitats ideals per tal que els aprenents notin la diferència entre les seves formes interlingüístiques i les reformulacions similars a la llengua meta (Long, 1996). D'altra banda, es pensa que les incitacions milloren el control sobre les formes ja interioritzades proporcionant oportunitats per a l'*output* forçat (*pushed output*), tal com proposa Swain (1985, 1988) per fer avançar el desenvolupament interlingüístic. En la seva descripció de la hipòtesi de l'*output*, de Bot (1996) argumentava que els aprenents d'L2 es beneficien més quan són empesos a recuperar formes de la llengua meta que no pas quan només senten aquestes formes en l'*input*, ja que el fet de recuperar les formes amb la subsegüent producció pot enfortir les associacions a la memòria. Els resultats de la recerca en psicologia experimental sobre l'*efecte de generació* (*generation effect*) (Clark, 1995) també prediuen, per raons similars, que les incitacions seran més efectives que les reformulacions. Aquesta línia de recerca experimental ha detectat sistemàticament que els aprenents recorden millor la informació quan prenen part activa a elaborar-la, més que no pas quan se'ls proporciona des d'una font externa (p.e., de Winstanley i Bjork, 2004). Els estudis experimentals de *feedback* correctiu a l'aula confirmen que el *feedback* correctiu oral és significativament més efectiu que no pas que no hi hagi *feedback* correctiu i també revelen una tendència entre els aprenents que reben incitacions o correcció explícita a demostrar millores en algunes competències més que no pas els aprenents que reben les reformulacions (Sheen, 2011; Ellis, 2012; Lyster i Saito, 2010; Lyster et al., 2013).

3. Integrar una focalització en la llengua en àrees de contingut

La segona manera d'integrar una focalització en la llengua en el currículum d'immersió és incorporar de manera sistemàtica l'atenció a la llengua en la impartició de contingut. Per il·lustrar-ho, adapto algunes de les tasques utilitzades en un estudi en el qual el tractament instruccional se centra en el gènere gramatical en les classes de llengua, ciències socials i ciències d'alumnes de cinquè curs (10-11 anys) (Lyster, 2004). La instrucció focalitzada en la forma fou implementada pels mestres habituals de sis classes «experimentals» que comprenien un total de 128 alumnes durant aproximadament 8-10 hores durant un període de 5 setmanes. L'equip de recerca va crear un quadern d'exercicis per als alumnes que contenia versions de textos trobats en els materials del currículum regular que havien estat realçats per dirigir l'atenció dels alumnes a les terminacions dels noms com a predictores de gènere gramatical. Les tasques incloïen activitats de percepció (*noticing*), de presa de consciència (*awareness*) i activitats pràctiques, definides de la manera següent:

1. Activitats de percepció
   - En un context relacionat amb el contingut, es dirigeix l'atenció dels alumnes a aspectes problemàtics de l'L2 remarcades per mitjà de realç tipogràfic.
2. Activitats de presa de consciència
   - Els alumnes s'impliquen en un cert grau de reflexió metalingüística per tal que siguin més conscients del patró.
3. Pràctica guiada
   - S'insisteix als alumnes que utilitzin els aspectes gramaticals en un context significatiu però controlat per tal de desenvolupar l'automatisme i la correcció.

4. Pràctica comunicativa
   - En un context relacionat amb el contingut, s'encoratja els alumnes a utilitzar els aspectes gramaticals de maneres més obertes per desenvolupar la fluïdesa, la motivació i la confiança.

L'atenció en el contingut en ciències socials se centrava en la fundació de colònies per part dels colonitzadors francesos a la Nova França del segle XVII. El text següent il·lustra el contingut sobre la fundació de l'assentament al Quebec (on avui en dia es troba la ciutat de Quebec) que, al seu torn, proporcionà el context en el qual les tasques centrades en la forma foren integrades.

> *Après avoir reçu la mission de fonder une colonie en Nouvelle-France, Samuel de Champlain a choisi, pour faire un établissement permanent, le site où se trouve aujourd'hui la ville de Québec. C'est parce que cet endroit avait un grand avantage : la fourrure y était très présente. [...] De plus, la colonie se situait sur le fleuve St-Laurent, ce qui donnait accès au cœur du continent et ouvrait peut-être un passage vers la Chine.*
>
> *La vie dans la colonie était très dure. Le déboisement était difficile et la nourriture manquait. Les colons risquaient donc de mourir de la famine ou encore du scorbut, une maladie très grave. La survie d'une grande partie de la population dépendait donc de la marchandise venant de France. Mais, en 1629, les Anglais ont pris Québec et la Nouvelle-France est restée aux mains de l'Angleterre pendant trois ans. Par la suite, Champlain est revenu pour reprendre les rênes de la colonie.*
>
> *Petit à petit, la population de la colonie augmentait, le déboisement devenait moins difficile. [...]*
>
> * * *
>
> Després de rebre la missió de fundar una colònia a Nova França, Samuel de Champlain va escollir, per establir-hi un assentament permanent, l'indret on actualment es troba la ciutat de Quebec. El motiu és que aquest lloc tenia un gran avantatge: les pells hi eren molt presents. [...] A més, la colònia se situava al riu Sant Llorenç, cosa que donava accés al cor del continent i obria un pas cap a la Xina.
>
> La vida a la colònia era molt dura. La tala dels boscos era difícil i faltava el menjar. Els colons, per tant, s'arriscaven a morir de fam o de l'escorbut, una malaltia molt greu. La supervivència d'una gran part de la població depenia, doncs, de les mercaderies procedents de França. Però el 1629, els anglesos van prendre la ciutat de Quebec

i la Nova França va restar en mans d'Anglaterra durant tres anys. Poc després, Champlain va retornar per recuperar les regnes de la colònia.

De mica en mica, la població de la colònia augmentava i la tala dels boscos esdevenia menys complicada. [...]

El quadern d'exercicis dels alumnes contenia una versió del text en la qual es remarcaven en negreta les terminacions de substantius en la llengua meta i es demanava als alumnes que omplissin els buits amb l'article definit o indefinit que faltava abans de cada nom:

*Après avoir reçu ____ mis*_**sion**_ *de fonder ____ colon*_**ie**_ *en Nouvelle-France, Samuel de Champlain a choisi, pour faire ____ établisse*_**ment**_ *permanent, le site où se trouve aujourd'hui la ville de Québec. C'est parce que cet endroit avait ____ grand avant*_**age**_ *: ____ fourr*_**ure**_ *y était très présente. [...] De plus, ____ colon*_**ie**_ *se situait sur le fleuve St-Laurent, ce qui donnait accès au cœur ____ contin*_**ent**_ *et ouvrait peut-être ____ pass*_**age**_ *vers ____ Ch*_**ine**_*.*

*____ v*_**ie**_ *dans ____ colon*_**ie**_ *était très dure. ____ déboise*_**ment**_ *était difficile et ____ nourrit*_**ure**_ *manquait. Les colons risquaient donc de mourir de ____ fam*_**ine**_ *ou encore du scorbut, ____ malad*_**ie**_ *très grave. ____ surv*_**ie**_ *d'____ grande part*_**ie**_ *de ____ popula*_**tion**_ dépendait donc de ____ *marchand*_**ise**_ *venant de France. Mais, en 1629, les Anglais ont pris Québec et ____ Nouvelle-Fr*_**ance**_ *est restée aux mains de l'Angleterre pendant trois ans. Par la suite, Champlain est revenu pour reprendre les rênes de ____ colon*_**ie**_*.*

*Petit à petit, ____ popula*_**tion**_ *de ____ colon*_**ie**_ *augmentait, ____ déboise*_**ment**_ *devenait moins difficile. [...]*

Les activitats de presa de consciència eren tasques inductives de descobriment de normes que requerien que els alumnes detectessin patrons tot classificant els substantius de la llengua meta d'acord amb les seves terminacions i indicant si els noms amb aquelles terminacions eren masculins o femenins. Per exemple, es va donar als alumnes una taula en blanc que havien de completar identificant les terminacions dels substantius de la llengua meta i els substantius que apareixien al text amb aquestes terminacions; també calia que indiquessin si els noms amb aquelles terminacions eren masculins o femenins.

Terminaisons	Noms retrouvés dans le texte	M ou F?
-age	*un avantage, un passage*	M
-tion,-sion	*la mission, la population, la fondation*	F
-ment, -ent	*un établissement, le déboisement, du continent*	M
-ine	*la Chine, la famine*	F
-ie	*une/la colonie, la vie, une partie, la survie, une maladie*	F
-ise	*la marchandise, une église*	F
-ure	*la fourrure, la nourriture*	F

Aquest format es repetí amb textos sobre la fundació de Montreal i Trois-Rivières i també en un exercici de vertader/fals sobre la fundació de totes tres colònies. Es donà als alumnes una llista de substantius nous, que no havien aparegut en exercicis previs, i se'ls demanà que indiquessin el gènere gramatical de cadascun, tot afegint l'article correcte, basant-se en allò que havien percebut en activitats prèvies i que suggerissin normes per determinar el gènere d'aquests substantius. A continuació es plantejaren exercicis similars; per tant, hi havia una considerable repetició inherent en les activitats tot i que sempre estaven relacionades amb la matèria cursada pels alumnes.

Quant a la pràctica oral guiada, a l'hora d'atribuir el marcador de gènere adequat als substantius de la llengua meta, es va utilitzar una col·lecció de 100 enigmes per revisar el contingut de ciències socials i per elicitar dels alumnes substantius en la llengua meta. Per exemple, l'enigma (proporcionat en francès) «Samuel de Champlain va establir la primera a la Nova França el 1608» tenia la finalitat d'elicitar el sintagma nominal *une colonie* però, per continuar en el joc, els alumnes havien d'incloure el determinant específic de gènere correcte. Entre els enigmes per elicitar paraules de la llengua meta relacionades amb el contingut i precedides per determinants correctes s'incloïen els següents:

Je sers à couvrir certains mammifères. J'ai été très recherchée pendant l'établissement de la Nouvelle-France. *(Serveixo per cobrir alguns mamífers. Era molt buscada durant l'establiment de la Nova França.)*	LA FOURRURE (LA PELL)
Je suis l'enlèvement des arbres dans le but de préparer la terre pour la culture. *(Sóc la retirada d'arbres per tal de preparar la terra per al cultiu.)*	LE DÉBOISEMENT (LA TALA)

A continuació, la pràctica comunicativa se centra en objectius de contingut més amplis: en especial, fer que els alumnes investiguin per i comparin les diferents realitats socials entre el passat i el present. Al mateix temps, durant les discussions de classe, els mestres encara necessiten centrar-se en la llengua assegurant l'ús adequat del gènere com a mínim en les paraules clau com *la fourrure* (*pell*) i *le déboisement* (*tala*).

- *[Comparez les attitudes des habitants de la Nouvelle-France et celles de nos jours à l'égard de la mode de* ***la fourrure****.] Compareu les actituds dels habitants de la Nova França amb les de les persones d'avui en dia pel que fa a la moda de la pell.*

- *[Comparez les attitudes des habitants de la Nouvelle-France et celles de nos jours en ce qui concerne* ***le déboisement****.] Compareu les actituds dels habitants de la Nova França amb les de les persones d'avui en dia pel que fa a la tala.*

S'implementà la intervenció de 8-10 hores focalitzada en la forma durant un període de 5 setmanes el mes de febrer i principis de març. S'administraren els pretests el gener, els posttests immediats al març i els posttests diferits al maig als alumnes de les sis classes i a un grup de comparació de 51 alumnes en dues altres classes que no van prendre part en les tasques focalitzades en la forma. En comptes d'això, aquestes darreres van continuar amb el seu programa d'estudi habitual, que incloïa els mateixos materials curriculars utilitzats en les classes on sí que es duia a terme la intervenció i que integraven llengua, ciències socials i ciències, però sense el quadern d'exercicis elaborat per l'investigador que contenia textos realçats i tasques focalitzades en la forma dissenyades per dirigir l'atenció cap a les terminacions dels substantius com a predictores de gènere gramatical.

Els resultats de les sessions d'avaluació, que van tenir lloc en tres moments diferents i que van incloure dues tasques de llapis i paper (tasca d'elecció múltiple entre dos ítems i compleció de text) així com dues tasques orals per elicitar la producció espontània (descripció d'imatges i identificació d'objectes), van mostrar efectes significatius pel que fa a les tasques focalitzades en la forma. És a dir, al contrari del grup de comparació, les classes experimentals van demostrar una millora significativa a llarg termini en el moment d'administrar el posttest diferit tant en el test de competències orals com en el d'elecció múltiple entre dos ítems, i també havien mostrat una millora significativa en la tasca de compleció de text en el moment de l'administració del posttest immediat. Per tant, doncs, les tasques focalitzades en la forma van permetre a aquells alumnes d'immersió en francès de cinquè curs adquirir representacions del gènere gramatical basades en regles i desenvolupar el coneixement procedimental d'aquestes formes emergents.

4. Aprenentatge integrat de llengües

La tercera manera d'incorporar un focus en la llengua al currículum d'immersió implica tasques d'alfabetització bilingüe que comencen en una llengua (p.e., el francès) i continuen en l'altra (p.e., l'anglès). Aquest enfocament serà il·lustrat per mitjà d'un estudi portat a terme per Lyster, Quiroga i Ballinger (2013) amb tres parelles de mestres (francès/anglès) que participaven en una iniciativa de desenvolupament professional. Els seus alumnes estaven a segon curs i tenien 7-8 anys. Cada parella de professors va codissenyar i implementar tasques d'alfabetització bilingüe que se centraven en la morfologia derivativa en les seves respectives classes de francès i anglès. En línia amb l'enfocament de reequilibri (*counterbalanced instruction*), la focalització lingüística se situava en la morfologia derivativa mentre que la focalització en el contingut sorgia a partir dels temes dels àlbums il·lustrats.

Primer, els mestres van atreure l'atenció dels alumnes cap a paraules derivades durant la lectura en veu alta de les històries i llavors van continuar amb tasques o jocs que requerien la formació d'altres paraules per analogia amb els mateixos afixos. Per exemple, durant la lectura en veu alta de *Moon man* (Ungerer, 1967/2009; en francès: *Jean de la lune*), els professors d'anglès dirigiren l'atenció a l'adjectiu *mysterious,* que apareixia com a paraula clau per descriure el protagonista, i van ajudar els alumnes a identificar el substantiu *mystery* com a base i a formar, per analogia, adjectius similars (p.e., *courageous* a partir de *courage*) o substantius (p.e., *disaster* a partir de *disastrous*). En la versió francesa, la paraula *courageux* apareixia com a atribut clau en la narració i, per tant, els professors de francès van ajudar els alumnes a identificar el nom *courage* com a base i a generar, per analogia, adjectius similars (p.e., *paresseux* a partir de *paresse*) o substantius (p.e., *mystère* a partir de *mystérieux*).

D'acord amb el currículum, aquest projecte va posar èmfasi en les tasques d'alfabetització bilingüe que van començar en una llengua i van continuar en l'altra. Per exemple, la mestra d'una llengua va llegir en veu alta *The three robbers* (Ungerer, 1962/2008; en francès: *Les trois brigands*), però va parar quan va arribar a un punt important de la història, quan el protagonista descobreix els tresors amagats dels lladres i els demana com gastarien tots els seus diners. La professora demana llavors als alumnes que facin prediccions oralment sobre com pensen que caldria gastar els diners i que il·lustrin les seves prediccions juntament amb anotacions escrites. Durant la classe següent, en l'altra llengua, es demana als alumnes que tornin a explicar les seves prediccions i que procedeixin a llegir la resta de la història. Al final, es va demanar als alumnes que comparessin les seves prediccions amb el final real, en el qual els bandits «van sortir a buscar tots els nens tristos i abandonats per tenir-ne cura» i «i van comprar un castell bonic per convertir-lo en la llar de tots aquells infants.»

A continuació, es va dirigir l'atenció dels alumnes cap a la morfologia derivativa. El mestre d'anglès va mostrar l'ús i el significat del prefix *un-* en la paraula *unhappy* i el de francès va mostrar l'ús i el significat del prefix *mal-* a *malheureux*. Els mestres van continuar en les seves respectives classes amb tasques o jocs que requerien que es formessin altres paraules per analogia amb els mateixos prefixos. En anglès, això incloïa adjectius com *unable* i *unbelievable* i verbs com *unfold* i *unpack*. En una classe, el mestre va demanar a alumnes individualment, en secret, de representar amb mímica paraules com *unfold* o *unpack* per tal que els altres esbrinessin quina acció s'estava representant. En francès, els professors dirigiren l'atenció a adjectius com *malhonnête* i *malpoli* però, com que *mal-* té un ús limitat com a prefix adjectival, van ampliar el seu centre d'atenció per incloure el prefix més productiu *in-* en paraules com *incapable* i *incroyable*.

Una altra tasca d'alfabetització bilingüe que va començar en una llengua i va continuar en l'altra va tenir l'origen en la lectura en veu alta de *Crictor* (Ungerer, 1958). El personatge que dóna nom a aquesta història és una boa constrictora que fou regalada a Mme. Bodot, una mestra d'escola que vivia a París. Ella fa tot el possible per fer que en Crictor se senti còmode a casa seva, instal·lant-li un llit llarg al costat d'unes palmeres i fins i tot teixint-li una llarga bufanda. Al seu torn, en Crictor esdevé útil a la seva escola i ajuda els nens a aprendre a comptar, llegir l'alfabet i fer nusos, i fa de tobogan i de corda de saltar. En el clímax de la història, en Crictor salva Mme. Bodot d'un lladre que l'ha lligada i emmordassada; per tant, esdevé un heroi, rep una medalla per la seva valentia i s'erigeix una estàtua en el seu honor.

Les relacions derivatives en referència als trets heroics d'en Crictor van ser emfasitzades per les paraules *hero* i *heroism* a la classe d'anglès i *héros* i *héroisme* a la classe de francès. Els professors d'anglès van dirigir l'atenció al sufix *-ic* a la paraula *heroic* per encoratjar els alumnes a descobrir derivacions similars (p.e., *science* → *scientific*; *history* → *historic*), mentre que els professors de francès van dirigir l'atenció al sufix *-ique* a la paraula *héroïque* per encoratjar els alumnes a descobrir derivacions anàlogues en francès (p.e., *science* → *scientifique*; *histoire* → *historique*). Encara hi havia altres tasques centrades en les paraules que els mestres van considerar apropiades i rellevants. Aquestes feien referència a patrons similars de sufixació en paraules, el significat de les quals estava estretament lligat a la història (p.e., *courage* → *courageous* o *courageux*; *danger* → *dangerous* o *dangereux*).

Per mesurar els efectes en els resultats dels alumnes de les tasques d'alfabetització bilingüe basades en la forma, es va administrar una versió francesa i una versió anglesa del *Morphological Awareness Test* [Test de consciència morfològica] (Quiroga, 2013) com a pretest i posttest a una submostra de 45 alumnes exposats a la formació destinada a l'alfabetització bilingüe (és a dir, el grup experimental) i a un grup de comparació de 20 alumnes de dues escoles en el mateix consell escolar, els mestres de les quals no havien participat en el projecte.

Les comparacions entre els grups van mostrar que, en el moment d'administrar els posttests, el grup que va rebre el tractament instruccional aconseguia resultats significativament millors que el grup de comparació en francès, però no en anglès, i aquests efectes positius en francès foren similars per a tots els alumnes que van rebre la formació independentment de la seva llengua dominant. En anglès, encara que els alumnes que van rebre aquesta formació, com a grup, no van tenir millors resultats que els alumnes que no la van rebre, els alumnes amb l'anglès com a llengua dominant que van rebre la formació van obtenir resultats significativament millors en la competència en anglès que els seus companys que no van rebre la formació. A més, les percepcions dels mestres participants van ser positives i entusiastes. Van valorar el temps durant el qual van col·laborar i van quedar impressionats per les reaccions positives dels seus alumnes envers la formació en l'alfabetització bilingüe. Així mateix, van fer notar que als alumnes «els agradava establir connexions entre ambdues llengües» (Lyster et al., 2013, p. 187).

5. Conclusió: Dos per un?

Sovint s'ha fet referència als programes d'immersió com a enfocament «dos per un» (p.e., Lightbown i Spada, 2013), perquè els aprenents d'aquests programes aprenen la matèria i la llengua meta al mateix temps. Ha estat àmpliament documentat que la majoria de parlants d'una llengua que aprenen una llengua addicional en un context d'immersió, en realitat, tenen èxit a l'hora de dominar el contingut tan bé com si l'estiguessin aprenent a través de la seva L1 (p.e., Genesee, 1987; Turnbull, Lapkin i Hart, 2001). Amb tot, al contrari del que implica la noció de dos per un, no hi ha res gratuït. És a dir, si s'aprèn el contingut per mitjà de l'L2, l'L2 no surt 'gratis'. Ben al contrari, encara cal prestar molta atenció a l'L2. En resum, l'oferiment de *feedback* correctiu, la integració d'una focalització en la llengua en àrees de contingut i la pedagogia interlingüística, de manera conjunta, tenen molt potencial per donar suport a la llengua en el currículum d'immersió i millorar el desenvolupament de l'L2 dels alumnes.

Referències

ALLEN, P., SWAIN, M., HARLEY, B.; CUMMINS J. (1990). "Aspects of classroom treatment: Toward a more comprehensive view of second language education". Dins: B. HARLEY; P. ALLEN; J. CUMMINS; M. SWAIN (eds.). *The development of second language proficiency*. Cambridge, UK: Cambridge University Press, p. 57-81.

CAMERON, L. (2001). *Teaching languages to young learners*. Cambridge, UK: Cambridge University Press.

CHAUDRON, C. (1988). *Second language classrooms*. Nova York: Cambridge University Press.

CLARK, S. (1995). "The generation effect and the modeling of associations in memory". *Memory & Cognition,* 23, p. 442-455.

DE BOT, K. (1996). "The psycholinguistics of the output hypothesis". *Language Learning,* 46, p. 529-555.

DE WINSTANLEY, P.A.; BJORK, E.L. (2004). "Processing strategies and the generation effect: Implications for making a better reader". *Memory & Cognition,* 32, p. 945-955.

ELLIS, R. (2006). "Researching the effects of form–focussed instruction on L2 acquisition". *AILA Review,* 19, p. 18–41.

ELLIS, R. (2012). *Language teaching research and language pedagogy.* Oxford: Wiley Blackwell.

GENESEE, F. (1987). *Learning through two languages: Studies of immersion and bilingual children.* Cambridge, MA: Newbury House.

GIBBONS, P. (2003). "Mediating language learning: Teacher interactions with ESL students in a content-based classroom". *TESOL Quarterly,* 37, p. 247-273.

HARLEY, B.; CUMMINS, J.; SWAIN, M.; ALLEN, P. (1990). "The nature of language proficiency". Dins: B. HARLEY; P. ALLEN; J. CUMMINS; M. SWAIN (eds.). *The development of second language proficiency*. Cambridge, UK: Cambridge University Press, p. 7-25.

LI, S. (2010). "The effectiveness of corrective feedback in SLA: A meta–analysis". *Language Learning,* 60(2), p. 309–365.

LIGHTBOWN, P. M. (1998). "The importance of timing in focus on form". Dins: C. DOUGHTY; J. WILLIAMS (eds.). *Focus on form in classroom second language acquisition.* Cambridge, UK: Cambridge University Press, p. 177-196.

LIGHTBOWN, P. M. (2014). *Focus on content-based language teaching.* Oxford: Oxford University Press.

Lightbown, P. M.; Spada, N. (2013). *How languages are learned* (4a. ed.). Oxford: Oxford University Press.

Long, M. (1996). "The role of the linguistic environment in second language acquisition". Dins: W. C. Ritchie; T. K. Bhatia (eds.). *Handbook of second language acquisition*. San Diego, CA: Academic Press, p. 413-468.

Lyster, R. (1998). "The ambiguity of recasts and repetition in L2 classroom discourse". *Studies in Second Language Acquisition,* 20(1), p. 51–81.

Lyster, R. (2004). "Differential effects of prompts and recasts in form–focused instruction". *Studies in Second Language Acquisition,* 26(3), p. 399–432.

Lyster, R. (2007). *Learning and teaching languages through content: A counterbalanced approach*. Amsterdam: John Benjamins.

Lyster, R., Collins, L.; Ballinger, S. (2009). "Linking languages through a bilingual read-aloud project". *Language Awareness,* 18, p. 366-383.

Lyster, R., Quiroga, J.; Ballinger, S. (2013). "The effects of biliteracy instruction on morphological awareness". *Journal of Immersion and Content-Based Language Education,* 1(2), p. 169-197.

Lyster, R.; Ranta, L. (1997). "Corrective feedback and learner uptake: Negotiation of form in communicative classrooms". *Studies in Second Language Acquisition, 19*, p. 37-66.

Lyster, R.; Saito, K. (2010). "Oral feedback in classroom SLA: A meta–analysis". *Studies in Second Language Acquisition,* 32(2), p. 265–302.

Lyster, R.; Saito, K.; Sato, M. (2013). "Oral corrective feedback in second language classrooms." *Language Teaching,* 46(1), p. 1-40.

Nicholas, H.; Lightbown, P. M.; Spada, N. (2001). "Recasts as feedback to language learners". *Language Learning,* 51(4), p. 719–758.

Quiroga, J. (2013). *Measuring morphological awareness across languages* (Tesi de màster inèdita). McGill University, Montreal, Canada.

Ranta, L.; R. Lyster (2007). "A cognitive approach to improving immersion students' oral language abilities: The Awareness–Practice–Feedback sequence". Dins: R. DeKeyser (ed.). *Practice in a second language: Perspectives from applied linguistics and cognitive psychology*. Cambridge, UK: Cambridge University Press, p. 141-160.

Schulz, R. (2001). "Cultural differences in student and teacher perceptions concerning the role of grammar instruction and corrective feedback: USA-Columbia". *The Modern Language Journal,* 85, p. 244-258.

Sheen, Y. (2011). *Corrective feedback, individual differences and second language learning.* Nova York: Springer.

Skehan, P. (1998). *A cognitive approach to language learning.* Oxford: Oxford University Press.

Swain, M. (1985). "Communicative competence: some roles of comprehensible input and comprehensible output in its development". Dins: S. Gass; C. Madden (eds.). *Input in second language acquisition.* Rowley, MA: Newbury House, p. 235-253.

Swain, M. (1988). "Manipulating and complementing content teaching to maximize second language learning". *TESL Canada Journal,* 6, p. 68-83.

Turnbull, M.; Lapkin, S.; Hart, D. (2001). "Grade 3 immersion students' performance in literacy and mathematics: Province-wide results from Ontario (1989-99)". *The Canadian Modern Language Review,* 58, p. 9-26.

Ungerer, T. (1967/2009). *Moon man.* Nova York: Phaidon.

Ungerer, T. (1958). *Crictor.* Nova York: Harper Collins.

Ungerer, T. (1962/2008). *The three robbers.* Nova York: Phaidon.

Weiner, S. L.; Goodenough, D. R. (1977). "A move toward a psychology of conversation". Dins: R. Freedle (ed.). *Discourse production and comprehension.* Norwood, NJ: Ablex, p. 213-225.

LA FORMACIÓ LINGÜÍSTICA DEL PROFESSORAT I LA FORMACIÓ ESPECÍFICA DEL PROFESSORAT DE LLENGUA

Francesc Codina i Valls
Universitat de Vic - Universitat Central de Catalunya

Resum

La present intervenció tracta, d'una banda, sobre la formació lingüística dels ensenyants de qualsevol matèria i, de l'altra, sobre la formació específica dels ensenyants de llengua. Partint de la premissa que l'aprenentatge lingüístic es basa sobretot en la pràctica comunicativa en totes les àrees curriculars, es fa una reflexió sobre la formació que haurien de posseir els docents en general per tal de garantir que actuïn com a models i com a guies d'aquesta pràctica. També s'ocupa de les funcions específiques de l'ensenyant de llengua i literatura i de la seva formació. El text alerta sobre dos perills concomitants: la delegació exclusiva de l'ensenyament de la llengua a la matèria de llengua i la desespecialització de la matèria llengua, en detriment dels continguts gramaticals i literaris.

A la base de l'enfocament comunicatiu de l'ensenyament i l'aprenentatge de les llengües hi ha dues idees bàsiques. La primera és que les llengües són transmeses i són adquirides pels parlants en l'ús i per mitjà de l'ús en situacions de comunicació real. La segona idea és que la competència en les diverses habilitats lingüístiques (comprensió oral, expressió escrita, comprensió lectora, expressió escrita) també s'incrementa i es perfecciona amb l'ús. Tanmateix, aquestes dues idees no neguen pas el fet que el domini de determinats aspectes de les habilitats lingüístiques (sobretot molts dels que es relacionen amb la llengua escrita, però també amb els usos orals formals) exigeix una introducció guiada i un ensenyament explícit i específic, generalment escolar.

L'enfocament comunicatiu és el que fonamenta programes com ara la immersió o AICLE (Aprenentatge integrat de continguts i llengua estrangera), però també l'ensenyament de la llengua en general.

Tots aquests programes es basen en l'ús escolar, com a instrument de comunicació i d'ensenyament a l'aula, d'una llengua ambiental o bé d'una llengua estrangera que l'alumne està adquirint i que no té com a llengua familiar. Ara bé, s'ha de recordar que aquests programes no exclouen pas l'ensenyament explícit d'aspectes formals de la llengua, convenientment distribuïts i programats al llarg de les diferents etapes educatives.[1]

De tot el que s'ha dit es dedueix que l'ensenyant implicat en un programa d'immersió o en un programa AICLE té assignada una tasca complexa: ha d'ajudar l'alumne a adquirir uns hàbits, uns valors, unes competències, uns coneixements relacionats amb una matèria concreta o amb un conjunt de matèries; i, alhora, tot fent això, ha d'ajudar-lo a adquirir o perfeccionar una llengua que no és la llengua primera o habitual de l'alumne.

En conseqüència, ningú no dubta que, per poder realitzar aquesta tasca tan complexa i delicada, l'ensenyant ha de posseir una formació suficient i adequada. Per descomptat, ha de tenir coneixements sobre l'alumnat (el seu desenvolupament, les seves capacitats, la seva diversitat, etc.); també ha de tenir coneixements sobre les matèries que ensenya i la seva didàctica; i, és clar, ha de dominar la llengua amb què treballen ell i els seus alumnes.

L'ensenyant ha de dominar aquesta llengua a un nivell alt, perquè ha de ser capaç de generar una producció lingüística de qualitat (fonètica, lèxica, sintàctica), que esdevindrà una part substancial de l'*input* dels seus alumnes. Però no n'hi ha prou. L'ensenyant també ha de ser capaç d'adaptar aquest *input* a la situació d'aprenentatge dels seus alumnes. Per aquesta raó ha de dominar estratègies i tècniques de comunicació adequades a la situació escolar tan particular en què ha d'actuar: ha de saber ser redundant sense repetir-se, ha de saber reformular un mateix missatge, ha de saber utilitzar suports contextuals adequats i ha de saber activar les adquisicions lingüístiques de l'alumnat en la nova llengua.

1. Aquesta recordança seria ben sobrera, però val la pena de fer-la, perquè avui es constata una tendència a menystenir aquests aspectes teòrics i formals, potser per culpa d'un cert concepte limitat, però molt divulgat, de *competència,* que la redueix a la practicitat més estricta i n'exclou justament la capacitat de conceptualització.

En resum: el professor de matèria no lingüística en una llengua que els alumnes estan aprenent ha de posseir un domini segur i fluid d'aquesta llengua; i, alhora, ha de posseir estratègies de comunicació adequades a l'ús escolar que en fa, que tinguin en compte les dificultats previsibles dels alumnes en funció de factors com l'edat, el medi sociocultural, etc.

A tot això cal afegir que el funcionament pedagògic intern del centre educatiu que posa en pràctica aquests tipus de programes ha de garantir la coordinació entre els ensenyants de matèries en llengües que els alumnes estan aprenent i els ensenyants diguem-ne especialistes de la matèria llengua en qüestió, catalana, anglesa o la que sigui.[2]

Tal com ja s'ha dit, els ensenyants especialistes de llengua hauran de focalitzar el treball en els aspectes diguem-ne més tècnics o formals de la llengua (també en podem dir gramaticals, en un sentit ampli, encara que, a molts, avui la gramàtica els faci una certa basarda). No cal dir que, des de la perspectiva dels alumnes, el fet d'haver de treballar aquests aspectes gramaticals tindrà més o menys sentit en la mesura en què després calgui aplicar-los en les situacions d'ús de la llengua a què es trobin exposats en altres matèries i en altres àmbits fora de l'escolar. Evidentment, si aquesta aplicació de coneixements formals de la llengua no es veu necessària, perquè no s'exigeix o bé perquè de manera general no es practica, la motivació per adquirir-los tendirà a ser nul·la.

D'altra banda, a part d'aquesta funció tècnica, l'especialista de llengua en té encara una altra de gran transcendència: a través de la llengua i en benefici de la llengua, ha de procurar connectar l'alumne a la cultura que hi ha a l'entorn d'aquesta llengua, sobretot per mitjà d'aquelles manifestacions culturals en què el component verbal hi té un paper predominant (literatura, folklore, cançó, cinema, etc.). D'aquesta manera, l'escola pot ajudar l'alumne a establir una relació afectiva amb la llengua que s'aprèn, la qual es revela així no

2. Convé aclarir que el terme *especialista*, del qual em valc aquí, és aplicat a l'ensenyant que ensenya la matèria de llengua; es refereix, doncs, a la funció, i no designa pas cap especialització laboral; per tant, es considera que un mestre generalista de l'etapa de primària és un especialista de llengua quan ensenya la matèria llengua.

pas com un simple instrument de comunicació neutre, indistint, anàleg a qualsevol altra llengua, sinó com el vehicle necessari que ens dóna accés a una cultura nacional, i encara més, com una eina creadora de continguts culturals que s'insereixen en una tradició històrica que apunta cap al futur.

Per tant, recapitulem:

a) El professor de matèries en una llengua que els alumnes estan aprenent ha de tenir-hi fluïdesa i ha de dominar les tècniques i les estratègies adequades a la situació comunicativa tan particular en què actua.

b) L'especialista de llengua, a més a més, ha de ser competent en l'ensenyament dels continguts gramaticals de la llengua; i, alhora, ha de ser competent en l'ensenyament de les manifestacions culturals de la llengua en qüestió (especialment les literàries i afins).

Tot el que s'ha dit fins ara sembla una obvietat. I, de fet, ho és, encara que sovint sembla que es perdi de vista. Del reconeixement d'aquesta obvietat, se n'haurien de derivar una sèrie d'exigències formatives per als futurs ensenyants. Personalment, penso que encara no hem arribat al nivell òptim pel que fa al domini de la llengua. Per exemple, opino que l'exigència d'un nivell B2 en anglès per impartir una matèria en aquesta llengua és escandalosament insuficient. D'altra banda, quin hauria de ser el nivell d'exigència en el cas del català per als mestres i per al professorat de secundària i batxillerat? I com s'hauria d'acreditar? Llanço aquestes preguntes a l'aire, només per deixar constància del nivell d'insuficiència indeterminat en què ens trobem.

Però em vull aturar en un problema concret que potser no és general, però que potser sí que és força estès. Em refereixo a l'escissió que s'ha creat, en el cas de la llengua catalana, sobretot a partir de l'etapa de secundària (inclosa la universitat), entre l'ensenyament de les competències i els continguts lingüístics i la seva aplicació i exigència, sovint molt laxa. I ja sabem que, com s'ha dit abans, sense aplicació d'allò que s'ensenya, no hi pot haver veritable adquisició o aprenentatge per part de l'alumne.

Tanmateix, és un fet força corrent, en molts centres educatius, que la formació lingüística de l'alumnat queda delegada exclusivament a la matèria llengua i als professors especialistes de llengua.

A aquesta delegació, de vegades s'hi suma un agreujant: l'exigència d'aplicació dels coneixements lingüístics dels alumnes es fa molt laxa en el conjunt de la comunicació escolar (concretament en les activitats d'aprenentatge i avaluació orals i escrites de la resta de matèries impartides per professorat especialista en altres àrees). I encara s'hi pot sumar sovint un tercer fet, aquest fins i tot ofensiu: que aquells mateixos professors que no exigeixen l'aplicació dels aprenentatges lingüístics a les activitats i als treballs de la seva àrea es queixin del baix nivell lingüístic dels alumnes i en responsabilitzin els especialistes de llengua!

Hi ha alguns indicis que fan pensar que aquesta escissió efectivament es produeix. Adduïm-ne sols dos de ben objectius, a tall de mostra, que a mi, com a professor d'una facultat formadora de mestres, em toquen de ben a prop:

a) El fet que en les proves d'accés a la universitat hi hagi un alt percentatge de suspensos en les proves específiques de llengües entre els aspirants als estudis de magisteri; la qual cosa va fer que els Departaments d'Ensenyament i d'Economia i Coneixement impulsessin un acord del Consell Interuniversitari de Catalunya per a exigir una mitjana de cinc en les proves de català i castellà de les PAU als aspirants a començar els graus de Mestre d'Educació Infantil i Mestre d'Educació Primària a partir del curs 2014-2015.

b) El fet que en els graus de Mestre d'Educació Infantil i Mestre d'Educació Primària, en el conjunt de les universitats catalanes, el nombre més alt de suspensos es concentri en les matèries de llengües i les seves didàctiques.

Si l'escissió entre l'ensenyament específic de la llengua i l'aplicació dels aprenentatges en el conjunt de la comunicació escolar efectivament es produeix (i algunes dades indiquen que és així), a què s'ha d'atribuir? Doncs probablement al fet que allò que és una evidència en el cas dels programes d'immersió o d'AICLE no ho és de manera general, especialment a partir de l'etapa de secundària cap amunt.

És a dir, que no s'ha assumit de manera general encara la idea bàsica que la llengua s'aprèn (i s'ensenya) en l'ús comunicatiu i que tot professor de matèria és també, inevitablement, per bé o per mal, un professor de llengua. I que, en conseqüència, hi ha determinades pràctiques lingüístiques (com, per exemple, el resum escrit o oral d'un text expositiu) que només tenen ple sentit si es duen a terme en el marc de l'ensenyament i l'aprenentatge d'una matèria concreta. Vull dir que és molt problemàtic, per exemple, treballar el resum del text expositiu o argumentatiu en abstracte, fora del marc d'una assignatura de ciències o de filosofia, en què la lectura i el treball amb textos d'aquesta tipologia serveix per a accedir a uns coneixements. I encara resulta més absurd que aquest treball es delegui a la classe de llengua —on sovint es fa de manera forçada i descontextualitzada, tot ocupant part d'un espai que correspon a la literatura— i després no s'apliqui en les classes de les matèries en les quals s'hauria pròpiament de practicar.

Amb això que acabo de dir, vull fer notar que la delegació de l'ensenyament i l'aprenentatge de les habilitats lingüístiques a la classe de llengua, a part de la possible escissió entre els coneixements lingüístics i la seva aplicació a la resta de matèries, encara comporta un altre problema, que és la conseqüent diguem-ne *desespecialització* de la matèria de llengua i literatura.

Aquesta desespecialització implica la progressiva reducció de la matèria de llengua i literatura a un mer taller de tècniques (d'expressió oral i escrita) auxiliars de les altres matèries. Aquesta reducció relega a una posició residual, dins la classe de llengua, tant la reflexió metalingüística, gramatical, com la introducció a la literatura. Dos aspectes, per cert, que també són necessaris si volem que els alumnes accedeixin a un domini conscient de la llengua i a establir-hi un vincle afectiu per mitjà de la descoberta i l'apropiació de les seves manifestacions culturals més pròpies.

Conclusions

En coherència amb el que s'ha exposat, penso que, com a punt bàsic d'un futur projecte de millora de la formació dels ensenyants, caldria establir com a competències comunes de tot el professorat de tots els nivells educatius i de totes les matèries:

a) El domini de la llengua i la capacitat de modular-ne l'ús d'acord amb les característiques de l'alumnat, tenint en compte la seva diversitat i els objectius de cada etapa.

b) L'assumpció, com un element central de la seva funció d'ensenyants, del compromís d'ajudar els alumnes a assolir el domini de la llengua, tant oralment com per escrit.[3]

Pel que fa al professorat especialista de llengua de tots els nivells educatius i de totes les matèries, a més a més de les competències anteriors, caldria establir com a competències específiques:

a) La possessió d'un coneixement aprofundit de la llengua i la literatura, del marc sociolingüístic, dels processos d'ensenyament i aprenentatge de la llengua i de la didàctica de la llengua en el marc d'un tractament integrat de l'ensenyament de les diverses llengües.

b) L'assumpció, com un element central de la funció d'ensenyants especialistes, de la tasca d'assessorar el conjunt del professorat de les altres matèries en l'exercici del compromís compartit d'ajudar els alumnes a assolir el domini de la llengua, tant oralment com per escrit.

En conseqüència, caldria que els programes de formació inicial i permanent del professorat de totes les etapes incorporessin els elements necessaris per assolir aquestes competències.

Des del meu punt de vista, els programes formatius inicials vigents a Catalunya (que tenen sens dubte algunes coses bones) no garanteixen que el futur professorat assoleixi aquestes competències. Els graus de Mestre d'Educació Infantil i de Mestre d'Educació Primària formen mestres generalistes d'etapa, amb algunes mencions especialitzades (amb una càrrega lectiva insuficient, al meu entendre), entre les quals no trobem la de llengua catalana i literatura, per bé que el marc normatiu permetria d'oferir-la. Pel que fa al màster de formació del professorat de secundària i batxillerat, que s'adreça a graduats en matèries específiques, no té gaire en compte la transversalitat de l'ensenyament de la llengua.

En opinió meva, allò que caldria retocar, corregir o innovar per millorar la formació lingüística dels ensenyants és força raonable. I fins i tot seria factible si algun dia s'aconseguís d'acordar la voluntat pedagògica amb la voluntat política.

3. Sense anar gaire lluny, si fa no fa, aquestes són les competències que va establir el decret del govern francès sobre competències professionals dels oficis del professorat i de l'educació de l'1 de juliol de 2013.

EL DESENVOLUPAMENT PROFESSIONAL I LA FORMACIÓ DEL PROFESSORAT DE CATALÀ

Olga Esteve
Universitat Pompeu Fabra

Gràcies al gran nombre d'investigacions centrades en els processos de formació inicial i permanent del professorat, actualment es té ja bon coneixement dels principis que han de regir tota intervenció formativa per promoure el desenvolupament i la capacitació de docents professionals competents. En aquest sentit, actualment hi ha una idea majoritàriament compartida segons la qual el desenvolupament professional del docent és un procés gradual que requereix adquirir no només unes eines bàsiques per poder actuar com a docents d'una manera digna, sinó també estratègies per anar desenvolupant en profunditat les competències que es requereixen en aquesta professió, i tot això d'una manera integral, partint de la persona, de les seves creences, experiències i representacions (Esteve, Melief i Alsina, 2010).

Aquesta visió de la professionalització docent, més competencial i autoreguladora, té al meu entendre conseqüències en la manera com es conceben i es materialitzen els programes de formació del professorat de llengua catalana, tant pel que fa a la formació inicial com a la permanent. I així, si pensem en termes de professionalització desenvolupada (Imbernón, 1994), en aquests programes s'haurà d'afavorir que el (futur) docent adquireixi no només unes eines bàsiques que l'ajudin a actuar a l'aula de manera eficient sinó també uns processos de reflexió crítica sobre la pròpia experiència i maneres d'entendre els processos d'aprenentatge de llengües.

En aquest sentit, les eines bàsiques a les quals em referia són necessàries però no suficients si pensem en termes d'aprenentatge al llarg de la vida. Per aquest motiu es necessita un altre tipus de plantejament i d'eines que ajudin el docent a anar més molt més enllà de l'acumulació de nous coneixements per aplicar-los a l'aula i que fomentin una interacció constructiva entre els propis models mentals i els models didàctics validats científicament, en un constant procés de reelaboració de les pròpies idees i maneres de veure les coses (Esteve, 2013; Esteve, Melief i Alsina, 2010; Imbernón, 2007; Johnson, 2009; Korthagen, 2001; Monereo, 2010).

Per aconseguir això, alguns autors coincideixen en la idea que l'essència de la formació del professorat és entendre el coneixement didàctic i metodològic no com a coneixement de fets i temes sinó com a comprensió conceptual de la realitat, en aquest cas de la realitat educativa (Esteve, 2010 i 2013; Johnson, 2009; Lantolf i Poehner, 2014).

Aquests autors fan èmfasi en la necessitat de reduir els continguts dels temaris i prioritzar aquells que són essencials per poder prendre decisions metodològiques pertinents i adequades segons les necessitats dels contextos educatius en la societat actual. Aquests continguts són aquells que poden actuar com a principis reguladors de la propia actuació docent. Què és un *principi regulador*? En paraules de Meirieu:

> [Estos principios no] se corresponden a realidades en estado puro pero sirven de guía para la acción y la orientan oportunamente. Nadie, pongamos por caso, ha encontrado 'lo Bello', pero todos los artistas lo buscan. 'Lo Bello' no es, en ese sentido, un principio constituyente, sino un principio regulador de la actividad artística, del mismo modo que (...) 'la autonomía' puede ser un principio regulador de la empresa pedagógica (Meirieu, 2007, p. 88).

L'objectiu d'aquest tipus de formació és, doncs, el de desenvolupar un aprenentatge creatiu i crític a través del pensament conceptual, un tipus de pensament que no es desenvolupa per la simple transmissió de conceptes sinó per un treball molt més reflexiu sobre aquest aprenentatge. Així doncs, haurem de preparar docents reflexius que no només observin i comentin pràctiques docents sinó que, a més, indaguin en la pròpia comprensió dels conceptes clau o dels principis reguladors que regeixen la seva actuació docent i que els enriqueixin i expandeixin (Engeström i Sannino, 2013).

Ara bé, la comprensió a la qual faig referència ha de ser una comprensió profunda que remogui la manera de veure i percebre els processos d'aprenentatge. I aquesta comprensió profunda no s'aconsegueix a) només explicant de forma transmissiva els aspectes més rellevants relacionats amb els continguts i treballant els aspectes de forma fragmentada; i b) sense desenvolupar el pensament i la reflexió crítics.

Això ens porta a repensar la manera de seleccionar i de treballar els continguts específics en els programes de formació, aspecte que tracto a continuació a partir de dues preguntes: Quins són els conceptes clau? I com podem promoure l'expansió conceptual esmentada? La primera fa referència al *què,* i la segona, al *com.*

1. El treball amb els continguts específics de l'àmbit de l'ensenyament-aprenentatge de llengua: quins continguts?

Com ja he exposat en un altre lloc (Esteve, 2013), i malgrat que hi ha molts continguts importants que sembla que s'han de treballar sense excepció, actualment hi ha alguns autors que alerten sobre la fragmentació dels continguts i aposten per un treball holístic i integrat sobre els conceptes clau que ha d'interioritzar el professorat per arribar a desenvolupar una actuació reeixida (Esteve, 2013; Johnson, 2009; Lantolf i Poehner, 2014).

Quins són aquests conceptes clau? Globalment, diversos autors fan una aposta per reduir els continguts i centrar-se en aquells que ajudin el (futur) professorat a *comprendre,* que no vol dir saber, l'essència del procés d'aprenentatge-ensenyament de llengües. Tal com descric a Esteve (2010 i 2013), el treball amb conceptes des de la perspectiva de la comprensió profunda a què faig referència es podria elaborar en la formació a partir de quatre grans preguntes (Esteve, 2010):

1. Què és la llengua i la comunicació?
2. Com aprenem les llengües?
3. Com hem d'ensenyar les llengües?
4. Quins elements bàsics hem de compartir amb la resta del professorat de llengua?

L'ordre de les preguntes no és aleatori sinó que respon a una intenció específica d'establir unes bases sòlides (pregunta 1 i 2) per poder construir una pròpia teoria de la pràctica, de forma fonamentada, perquè els primers dos àmbits conceptuals conformen, al meu entendre, les peces clau per comprendre com s'ha d'actuar i, per tant, ensenyar.

Què vull dir amb això? Doncs que el coneixement pràctic el construeix la mateixa persona en formació a partir de les representacions i models mentals que ha anat construint al llarg de la seva vida com a aprenent. Així ha forjat un primer coneixement, intuïtiu i espontani, que pot o no respondre al que se li demana des de les didàctiques específiques i que haurà de marcar les seves pràctiques docents.

Dins d'aquest coneixement més experiencial s'hi amaga un concepte propi —encara que inconscient— del que és *llengua* i *comunicació* i també del que és *aprendre* i *ensenyar* llengua. I això fa que cada (futur) docent actuï a partir del concepte més intern que tingui sobre el que és aprendre i ensenyar llengua (Esteve, Melief i Alsina, 2010; Lantolf i Poehner, 2014).

Els autors esmentats coincideixen en la idea que, per poder treballar sobre els propis conceptes i enriquir-los a partir de les aportacions dels sabers teòrics i dels resultats de la recerca educativa, és necessari tractar-los a partir de la confrontació profunda entre els conceptes propis que guien o poden guiar l'actuació docent de cadascú i els conceptes científics que han de modelar aquesta actuació. Una confrontació d'aquest tipus requereix: a) que en els mateixos programes de formació es treballi de forma explícita i continuada amb les experiències i representacions mentals de les persones; i b) que aquest treball d'anàlisi crítica sobre experiències (vegeu l'apartat següent) serveixi realment per proporcionar criteris sòlids on fonamentar la pròpia presa de decisions metodològiques.

Per això és necessari fer la selecció i prioritzar només aquells conceptes i, per tant, continguts, que realment actuïn de principis reguladors. I, en aquest sentit, hem de tenir en compte dues coses: d'una banda, la formulació de preguntes d'indagació com les esmentades hauria de formar part integral de qualsevol programa de formació. De l'altra, és important diferenciar entre *concepte* i *tema* o *contingut específic* (Esteve, 2013).

Els conceptes no constitueixen continguts d'ensenyament en si mateixos sinó que representen una categoria superior que resulta d'una abstracció de la realitat; el seu objectiu és guiar i orientar la pròpia actuació. Des d'aquesta visió, un tema o contingut específic en l'àmbit de la formació seria *aprenentatge significatiu, diversitat a l'aula, escola inclusiva, autoregulació, enfocament competencial* i similars. En canvi, parlaríem de conceptes quan ens referim a *comunicació, interacció, orientació, autonomia, motivació, avaluació*, o similars.

La diferència més important entre uns i altres és que els primers són termes etiquetats de difícil comprensió per a una persona no experta perquè no es poden connectar fàcilment amb experiències de la vida real fora del context educatiu. En canvi, els conceptes representen categories ràpidament intel·ligibles perquè es poden comprendre des de les mateixes experiències: orientar, per exemple, és una acció quotidiana i es pot apel·lar a la seva essència per poder introduir temes específics com ara la bastida pedagògica i l'avaluació formativa, entre altres; el mateix passa amb les accions de motivar, comunicar, interactuar, etc.

Es tracta d'accions sobre les quals es pot parlar des de les pròpies vivències i sense utilitzar un llenguatge científic. I serà precisament la consciència sobre els propis conceptes reguladors i el posterior contrast amb els conceptes científics (en aquest ordre) el que ajudarà el (futur) docent a anar consolidant un coneixement pràctic fonamentat i, per tant, més científic (Johnson, 2009) que, com dèiem, l'ha d'ajudar a prendre les decisions metodològiques pertinents. Amb el temps, els temes o continguts específics hauran de convertir-se en conceptes reguladors de la pròpia acció docent. I, com hem vist, això no s'aconsegueix enfrontant la persona en formació amb llargues explicacions teòriques, sinó ajudant-la a *comprendre* el que s'amaga darrere de les *etiquetes* i a apropiar-se d'aquesta manera de la seva essència (Esteve, 2013).

Un altre aspecte important en relació amb això és identificar els continguts bàsics relacionats amb les competències clau del professorat de llengua. Què són les competències clau? Com el seu nom indica, es tracta de la selecció d'aquelles competències bàsiques necessàries per a la funció docent. Això vol dir que, en tot programa de formació, haurem de seleccionar primer aquelles competències que conformen l'eix vertebrador del que Lantolf i Poehner (2014) anomenen l'*imperatiu pedagògic* i que fan referència a aquelles competències —amb els continguts corresponents— a partir de les quals es poden treballar els conceptes bàsics o reguladors que han de regir tota bona acció docent. Una manera de fer aquesta selecció és intentar pensar en les competències clau relacionades amb els cinc rols del professorat que han establert investigadors de l'Institut de Formació del Professorat IVLOS de la Universitat d'Utrecht i que són:

- Rol com a expert en la matèria *(**En què consisteix una bona comunicació?** Quin concepte de llengua ha de tenir el professorat? Què ha de dominar el professorat en termes de coneixement lingüístic de la llengua que ha d'impartir o imparteix?)*
- Rol com a didacte *(**Què és un bon aprenentatge de llengües?** Quins són els aspectes més cabdals dels processos d'adquisició-aprenentatge de llengües i quines implicacions tenen per a la planificació de la matèria i la creació de materials?)*
- Rol com a pedagog *(**Com ens sentíem com a aprenents en una aula? Per què?** Quins són els aspectes clau d'un bon aprenentatge? Quins són els factors afectius, socials i cognitius cabdals per a un bon aprenentatge? Quines implicacions tenen aquests factors a l'hora de gestionar l'aula?)*
- Rol com a membre d'un equip *(**Quin és l'eix vertebrador d'un bon treball en equip?** I quina ha de ser la pròpia aportació com a membre d'aquest equip?)*
- Rol com a investigador *(Quina influència tenen les pròpies creences i representacions en la manera d'enfocar l'ensenyament de llengües? Com es poden enriquir i com poden evolucionar com a docent?)*

Si ens fixem en les preguntes que apareixen en negreta en els parèntesis, estarem d'acord que es tracta de preguntes que apel·len directament a les experiències de les persones. Gràcies a això, aquestes preguntes poden fer de pont d'unió entre les vivències personals i els conceptes clau més científics. Conformen, en aquest sentit, una bona base per desenvolupar el pensament crític sobre les pròpies representacions i models mentals de com ensenyar llengua.

D'altra banda, és important que els diferents rols es tractin de forma equilibrada. Al meu entendre, perquè això sigui possible és necessari treballar amb metodologies actives, basades en la indagació i l'estudi de casos (vegeu l'apartat següent), que permetin analitzar elements diversos dels processos d'ensenyament-aprenentatge de llengües des de diferents perspectives i angles. I per això és tan necessari sobrepassar les fronteres de la fragmentació de continguts específics en assignatures aïllades i fer programacions holístiques que permetin un tractament integrat dels continguts i afavoreixin un treball coordinat sobre els conceptes clau de l'acció docent i, per tant, sobre els principis reguladors que l'han de regir.

Un exemple seria treballar el concepte clau o regulador de la *motivació* tant des del rol del didacta (com han de ser dissenyades les tasques perquè esdevinguin motivadores), com del pedagog (com s'han de gestionar les tasques perquè fomentin una participació activa o com es pot afavorir una interacció contingent i constructiva que motivi aquesta participació), així com des de la mirada dels processos d'adquisició-aprenentatge de llengües (quins són els elements clau de la motivació i quina relació tenen amb la manera d'aprendre) i del treball en equip (com es pot afavorir un aprenentatge significatiu, coherent i holístic). La qüestió —a l'hora de programar— és, així doncs, identificar quins continguts específics es poden treballar des de les diferents assignatures a partir del paraigua comú d'un concepte més genèric —com ara la motivació, la comunicació, etc.— i que puguin esdevenir conceptes clau o principis reguladors.

Així, si el conjunt de formadors o docents universitaris es posen d'acord en els principis reguladors que s'han de treballar, i, per tant, en els conceptes clau que han de conformar la base del programa de formació, aleshores la persona en formació tindrà l'oportunitat d'aprofundir-hi, la qual cosa n'afavorirà l'apropiació (Johnson, 2009). Dit d'una altra manera, i des del meu punt de vista, la fragmentació de continguts i matèries no afavoreix un aprenentatge significatiu en la formació de docents.

2. El treball amb experiències: reflexió crítica i pràctiques d'indagació

Com exposen Melief, Tigchelaar i Korthagen (2010), entre els tres grans paradigmes que es distingeixen en la formació del professorat —«aprenentatge com a conversió del coneixement teòric a la pràctica», «aprenentatge a través de l'experiència i l'error» i «aprenentatge realista»—, el tercer sembla el més adient per avançar en el coneixement pràctic de forma significativa, és a dir, de tal manera que els principis educatius esdevinguin principis reguladors de la pròpia actuació docent.

La formació realista apunta cap a la integració de la persona amb les seves experiències personals, els coneixements teòrics, les seves pròpies representacions sobre el que és ensenyar i aprendre, així com les seves observacions en la pràctica de l'aula. A través d'un procés reflexiu, la persona en formació ha de desenvolupar de forma gradual les habilitats i estratègies necessàries per exercir la funció docent, tenint en compte en tot moment les capacitats que exigeix aquesta professió i sent conscient dels seus propis avenços.

Per comprendre l'engranatge i l'essència d'aquest plantejament, hem de centrar-nos en els diferents nivells de coneixement que han estat investigats en relació amb el procés de desenvolupament professional del docent (Korthagen, 2001). Això, com veurem, ens aporta informació rellevant per comprendre no només el paper dels sabers teòrics en el procés de construcció gradual de coneixement pràctic per part de la persona en formació, sinó també el tractament que aquesta requereix en les pràctiques formatives (Esteve, Melief i Alsina, 2010).

Seguint Korthagen (2001), un avenç en el coneixement didàctic significa passar del nivell de *Gestalt*, de naturalesa intuïtiva i inconscient, a nivells superiors de presa de consciència, amb la finalitat d'aprofundir en la comprensió de la pròpia actuació docent. Per a això no n'hi ha prou, tal com addueixen Richards i Lockhart (1998), amb l'experiència:

> (...) En sí misma ésta puede resultar insuficiente como base para el desarrollo profesional. Muchos aspectos de la docencia tienen lugar de forma esporádica, y los profesores desarrollan estrategias y rutinas para manejar estas dimensiones recurrentes de la enseñanza (...). La experiencia es el punto de partida para el desarrollo profesional, pero para conseguir que juegue un papel productivo es necesario examinarla sistemáticamente. Para ello se necesitan instrumentos específicos (Richards i Lockhart, 1998, p. 14).

D'aquí la necessitat de desenvolupar nivells més sofisticats de coneixement. Després del nivell intuïtiu a què he fet referència se situa el nivell d'*esquema*. Aquest respondria a la recerca de la resposta a les preguntes *Què crec? Què faig?* Això implica aturar-se, observar de forma crítica les pròpies representacions sobre el que és aprendre i ensenyar, així com la pròpia actuació (en el cas dels docents en actiu), i analitzar-les per poder descobrir el que s'amaga darrere de les pròpies tendències a actuar o les pròpies representacions mentals sobre l'acte d'ensenyar.

Aquesta reflexió basada prioritàriament en l'observació i en l'anàlisi crítica sobre els propis conceptes d'ensenyament-aprenentatge serveix de punt d'inflexió per començar a comprendre el que hom pensa, fa o creu que ha de fer. En aquest sentit, el segon nivell, el d'*esquema*, ajuda a visualitzar el propi model mental sobre què és l'ensenyament, és a dir les representacions més implícites. Sense aquesta visualització no hi ha presa de consciència sobre un mateix. I sense aquesta no és factible passar al tercer nivell, anomenat *teoria*, el qual fa referència a la necessitat d'aprofundir en què s'amaga darrere de les pròpies idees i representacions tot preguntant-se el perquè de les coses. Per això, el (futur) docent haurà de plantejar-se un altre tipus de preguntes, com ara: *Per què crec que això és així? Per què crec que cal fer-ho així? Per què faig el que faig?*

Des d'aquest prisma, el *perquè* és la pregunta clau per assolir el grau de consciència i coneixement necessaris de manera que el (futur) docent pugui assentar uns criteris sòlids sobre els quals poder prendre les decisions més pertinents segons requereixi cadascuna de les situacions a què s'haurà d'enfrontar al llarg de la seva vida professional. El plantejament d'aquesta pregunta hauria de formar part integral de la pràctica diària com a professional de l'ensenyament perquè serà justament en la recerca de la resposta a aquesta pregunta quan la persona en formació podrà establir connexions més significatives entre la pràctica i la teoria i anirà trobant i entenent els principis reguladors que l'han de regir.

Per aconseguir això, i segons Melief, Tigchelaar i Korthagen (2010), en els programes de formació s'hauria de treballar reflexivament i críticament sobre tres tipus d'experiències: *antigues, recents i noves*.

La primera confrontació ha de ser amb *experiències antigues*, que són aquelles acumulades pels (futurs) docents com a aprenents durant la seva formació acadèmica i també en la seva vida laboral com a docents, en el cas de la formació permanent. Efectivament, els professors i professores en formació han tingut ja moltes experiències com a alumnes al llarg de les seves vides i tenen —pel que fa a l'aprenentatge— intuïcions, idees i representacions mentals. Són persones amb una identitat pròpia. I així, en l'aprenentatge a partir de les experiències antigues, el primer que es fa és centrar l'atenció sobre l'aprenent en tant que persona amb la seva pròpia biografia, tant lingüística com d'aprenentatge.

Aquestes experiències viscudes han ajudat cada persona a construir esquemes mentals que determinaran els seus patrons de pensament o d'actuació (perquè han estat recurrents i s'han experimentat al llarg d'un període força llarg de temps) i que la psicologia de la *Gestalt* anomena amb aquest mateix terme (Korthagen, 2001). La *Gestalt* s'ha d'entendre com un tipus de coneixement intuïtiu que configura una imatge completa, un tot sense destriar, un teixit de records d'experiències significatives, valors, sensacions i sentiments, que dóna lloc a maneres rutinàries de fer, a tendències a reaccionar d'una manera determinada en situacions concretes. Però la *Gestalt* és un tipus de principi rector que s'activa i s'adapta a l'aquí i a l'ara. L'expansió de la *Gestalt* té lloc al llarg de les experiències que es van adquirint durant l'exercici professional: les *experiències recents* (Esteve i Carandell, 2009).

Les *experiències recents* són les que van emergint en la pròpia pràctica docent en els centres educatius i que fan que es desenvolupin, com deia, noves *Gestalts* i, per tant, teories implícites i esquemes mentals més avançats o diferents. Durant el treball amb experiències recents que sorgeixen en aquest mateix moment, es tracta que els docents descriguin situacions concretes que han experimentat fa poc a la classe per tal que siguin conscients de la seva actuació i també dels principis que la regeixen, de tal manera que identifiquin com la pròpia *Gestalt* ha influït sobre la seva conducta. En aquesta situació, les preguntes més importants són: *Què faig? Com ho faig?*

Algunes vegades, però, les circumstàncies del context poden obstaculitzar les experiències que ocorren a l'aula. En aquests casos, la creació d'una nova *Gestalt* es bloqueja, ja que els docents tendeixen a socialitzar i adoptar patrons de conducta no desitjats (des del punt de vista teòric). Així doncs, és important empènyer el professorat a obrir noves maneres d'actuar sempre essent conscient de les pròpies possibilitats i limitacions. Això, però, no passa a través de discussions teòriques, com és encara freqüent en els mòduls teòrics de formació del professorat, sinó a través de la creació de *noves experiències* (com per exemple, les simulacions) en els seminaris i cursos de formació que s'organitzen. Aquesta és la tercera meta principal. Gràcies a la creació d'una nova experiència, la *Gestalt* en procés de gestació pot enriquir-se i diferenciar-se més enllà de l'espai de l'experiència escolar. Així doncs, l'objectiu principal del treball amb *noves experiències* és la creació també de noves situacions de l'aprenentatge, aquí i ara, seguides d'una reflexió crítica a partir de preguntes com ara *Què significa això per a mi?* Amb això s'aconsegueix obrir la curiositat cap a altres maneres de fer i, sobretot, a reconceptualitzar la pròpia pràctica (Esteve, 2013; Johnson, 2009).

Un exemple molt actual, relacionat amb el principi regulador del plurilingüisme, és com ajudar el (futur) professorat a passar d'un enfocament en l'ensenyament de llengües monolític i monolingüe (sigui la llengua que sigui) a un enfocament més plurilingüe (Cambra, 2009). En un projecte actual de recerca formativa estem treballant amb el professorat de llengües (primeres i addicionals) de centres diversos de primària, secundària i persones adultes des d'aquest plantejament metodològic basat en el treball amb experiències, en aquest cas, *recents* i *noves*. I ho fem seguint un itinerari formatiu creat expressament que segueix un protocol que hem anomenat *Model ET (De les experiències a la teoria)* (Esteve, Melief i Alsina, 2010), que segueix els passos següents:

- Anàlisi crítica de les pròpies maneres de fer i entendre l'ensenyament de llengües *(experiències recents).*
- Confrontació de les pròpies idees i de la pròpia mirada amb un model didàctic plurilingüe, a partir de la seva experimentació *(experiència nova).* Per això es fa posar els docents en situació d'aprenents d'una llengua desconeguda i se'ls fa experimentar el que podríem anomenar una *classe 0.*
- Reflexió al voltant de l'experiència nova viscuda i anàlisi del que podria implicar per a la pròpia aula i la pròpia actuació.
- Incorporació de la teoria pertinent (accessible en una wiki dissenyada expressament per al professorat).
- Reconceptualització i redescripció de la pràctica de partida analitzada a partir del treball en els passos anteriors.

Com he descrit en altres publicacions (Esteve, 2010 i 2013), els passos de *confrontació* i de *redescripció* ofereixen el moment més idoni per poder crear vincles amb coneixement de tipus teòric, un coneixement que ha de servir com a eina de mediació per ampliar la pròpia mirada cap a l'acte d'ensenyar (Esteve, 2013). Aquest vincle s'aconsegueix tot partint de l'observació del que la persona en formació ja és capaç de fer i ja sap (didàcticament parlant), per tal d'anar donant l'ajuda específica a cadascú, de forma gradual i segons les necessitats que vagin emergint. Es tracta d'un procés de bastiment en el qual la persona experta ha d'estar atenta per veure com proporciona millor l'ajuda en forma de *pistes* de tal manera que la persona en formació vagi desenvolupant la pròpia construcció de coneixement per ella mateixa (Esteve i Carandell, 2009). En aquest cas es tractaria d'una teoria pròpia fonamentada sobre el que és un enfocament plurilingüe.

I una de les estratègies més eficients és, com deia abans, *l'ús de preguntes* (Esteve, Carandell i Farró, 2012). Tot aquest protocol queda recollit en la següent pauta de treball, que es lliura al professorat que participa en aquest projecte. La pauta té com a objectiu ajudar aquest professorat a reconceptualizar les seves pràctiques a l'aula a partir d'una reflexió crítica sobre els propis enfocaments en l'ensenyament de llengües i en contrast amb els conceptes clau que han de regir els enfocaments plurilingües, conceptes construïts a partir dels resultats de la recerca educativa.

Pauta de treball per avançar cap a pràctiques educatives plurilingües en els centres educatius, a partir de la reflexió crítica de les pròpies experiències i la indagació

FASE 1. Sessió de reflexió sobre el propi punt de partida

Reflexió inicial al voltant de les pròpies idees i representacions sobre el que és ensenyar llengua, així com de les experiències dutes a terme en el centre en l'àmbit del plurilingüisme. La reflexió hauria de girar al voltant de les següents preguntes:

- *Què és per a mi / nosaltres 'ensenyar llengua'?*
- *Quina realitat lingüística tenim al nostre centre? I en la mateixa aula?*
- *Quin paper juga des del meu punt de vista la llengua materna en l'aprenentatge de llengües estrangeres? I altres llengües que ja coneix l'alumne?*
- *Què estem fent al nostre centre per fomentar el plurilingüisme? En què estem satisfets, en què no? Per què?*

FASE 2. Contrast del punt de partida amb altres perspectives relacionades amb l'enfocament plurilingüe

Aquest pas conforma la fase reflexiva més exhaustiva. Es tracta de contrastar les vostres primeres reflexions amb propostes metodològiques fonamentades per a l'ensenyament de llengües i el foment de la competència plurilingüe.

Per això es farà, en primer lloc, un taller d'unes dues hores on treballarem plegats tots els centres implicats al voltant de l'enfocament plurilingüe. Un cop realitzat aquest taller, el nostre grup de recerca us proporcionarà una documentació i material en línia perquè cada centre pugui seguir treballant de forma autònoma *(en aquest taller es fa experimentar els docents com si fossin aprenents d'una llengua desconeguda; posteriorment té lloc una anàlisi crítica de l'experiència nova viscuda, tant des del vessant més afectiu com del més didàctic).*

Un cop realitzat el taller, continuareu treballant de forma autònoma al voltant de l'experiència viscuda, per tal d'anar aprofundint en els conceptes clau que hagin emergit al llarg del taller. En el treball autònom es tracta que discutiu el que haurem treballat al taller, així com les conclusions que extraieu de la documentació que us proporcionarem.

Planifiqueu per a això tantes sessions de treball com calgui.

Un cop acabat aquest treball autònom planificarem una altra sessió de treball conjunt que vosaltres haureu de preparar abans a partir de les preguntes que presentem a continuació:

- *En què coincideixo / coincidim en relació amb el nostre punt de partida?*
- *Què em / ens ha cridat més l'atenció? Per què?*
- *Què em / ens fa replantejar aquest nou enfocament en relació amb la nostra manera d'ensenyar llengua'?*
- *Com voldria / voldríem materialitzar aquest replantejament en les nostres classes?* ***Què em / ens agradaria experimentar? Per què?***

FASE 3. Fase d'experimentació

En aquesta fase es tracta de passar de la *reflexió* a l'*acció*. Per aquest motiu és important que els resultats de les reflexions anteriors no es quedin en una simple declaració d'intencions i que es materialitzin immediatament a l'aula.

D'acord amb això, haureu de planificar un temps prudencial per poder experimentar. Així mateix, al llarg de l'experimentació haureu de prendre nota del que aneu observant: les reaccions dels alumnes, les vostres percepcions, etc. I si és possible, **seria fantàstic que poguéssiu enregistrar alguna de les sessions.**

FASE 4. Fase de valoració de l'experimentació i de concreció de línies de treball per al futur

Ara és el moment de parar-se de nou i avaluar els efectes de l'experimentació. Respecte d'això és important anar més enllà de la valoració global de si ha anat bé o malament i fer una avaluació més profunda.

Per aquest motiu es proposa reprendre els apunts de les observacions realitzades i, a partir d'elles, reflexionar al voltant de les preguntes següents:

- *En què he avançat personalment en relació amb l'enfocament plurilingüe i en l'ensenyament de llengües en general?*
- *En què hem avançat com a grup?*
- *En quina mesura s'ha ampliat el meu / nostre horitzó i s'ha enriquit la meva / nostra pràctica docent?*
- *Quins nous interrogants em / ens plantejo / plantegen?*
- *En què creiem que hem de seguir avançant?*

Des del vessant de la formació significativa dels docents, quins són els aspectes claus d'aquest protocol de treball?

Fase 1. Se centra en l'activació de les experiències i idees prèvies dels docents en relació amb el concepte clau o principi regulador, en aquest cas relacionat amb el plurilingüisme. Amb aquesta activació es pretén no només orientar el grup cap a la consecució de la tasca o projecte final, sinó sobretot potenciar la seva implicació personal. És important destacar sobre això la diferència entre l'activació d'experiències i la de coneixements. Les primeres fan referència a tot el bagatge vivencial de les persones, mentre que les segones se centren només en continguts específics que no necessàriament tenen una relació directa amb aquest bagatge experiencial.

Fase 2. En aquesta fase té lloc la indagació teòrica pròpiament dita, una fase que pren el seu sentit perquè està directament encadenada amb la fase experiencial de tal manera que el (futur) docent pot trobar punts d'ancoratge entre els continguts teòrics i les seves experiències i idees prèvies.

Fase 3. Se centra en l'elaboració d'una proposta fonamentada d'actuació. Per dur-la a terme els docents gaudeixen de l'ajuda que ha proporcionat tot el treball reflexiu previ, així com les lectures i explicacions teòriques.

La fase 2 és la més significativa en relació amb el treball conceptual del qual parlem perquè és la fase en què té lloc la confrontació del coneixement pràctic intuïtiu, basat en les experiències anteriors, amb el coneixement més científic.

Aquest plantejament es basa en els supòsits teòrics de Galperin (1992) a través del que ell anomena SCOBA (*Schema for Orienting Basis of an Action*). Hem d'entendre l'SCOBA com la plasmació visual de tots els elements que necessita interioritzar una persona per poder *dominar l'acció*. Significa comprendre quins són els principis que la regeixen i que aquests principis són els elements constituents del principi regulador (el concepte) i conformen com a tals els diferents continguts relacionats amb el mateix. Els SCOBA conformen d'aquesta manera una base d'orientació en relació amb els continguts que es treballen al llarg d'una assignatura o fins i tot d'un grup d'assignatures afins, o també en un curs de formació.

Un aspecte important del treball amb SCOBA és que permet el contrast directe entre el propi esquema mental (plasmat per endavant en la fase 1 i que Galperin denomina OBA, *Orienting Basis of Action*) amb l'esquema que representa el model científic del qual apropiar-se. La plasmació i posterior contrast entre els dos esquemes conformen un bon ancoratge entre les pròpies experiències i els sabers teòrics, perquè ajuden a analitzar les pròpies representacions mentals des d'altres perspectives (Esteve i Carandell, 2009).

No hi ha SCOBA universals sinó que cada docent o grup de docents ha d'elaborar els propis *esquemes complets* en relació amb els continguts que estiguin previstos en el pla d'estudis o en els cursos de formació corresponents; i aquests esquemes han d'estar fonamentats per la investigació educativa. En aquest sentit, l'experiència m'ha demostrat que el mateix procés d'elaboració de SCOBA conjunts promou en el grup de formadors i formadores una profunda reflexió teòrica sobre els continguts clau i l'enfocament epistemològic de les pròpies assignatures i ajuda a trobar punts de contacte entre elles així com els conceptes *paraigua* sobre els quals treballar de manera coordinada.

Relacionat amb això, un altre aspecte important és que la segona fase pren sentit precisament per estar situada entre les altres dues. La primera aporta el punt d'ancoratge per obrir la curiositat científica dels (futurs) docents. Això té lloc a partir de la materialització del concepte en forma d'esquema i també a partir de l'anàlisi de les pròpies experiències relacionades amb aquest concepte. Gràcies a aquest doble procés es prepara el camí cap a la indagació teòrica que té lloc a la segona fase i que es basa en la *verbalització* (en termes de Galperin) de la mateixa construcció de coneixement. La tercera, per la seva banda, promou l'operació mental que Galperin anomena *processament* i que es desenvolupa a través de l'*acció*, sense la qual no és possible una bona apropiació dels continguts teòrics. És en aquesta ubicació on la segona fase aporta la base necessària per prendre i fonamentar decisions. En resum, es tracta d'un procés de pensament i raonament crítics que es basa, com hem vist, en la comprensió del concepte integrador.

3. Per concloure

La finalitat del model de formació competencial i transformador que he intentat presentar és ajudar a fer evolucionar la mirada pedagògica i metodològica del professorat a partir del treball crític i analític amb experiències i la conseqüent reconceptualització del propi model mental. És clar que un procés d'aquest tipus és lent i, per tant, ha de ser gradual.

Des d'aquesta perspectiva, l'objectiu de la professionalització docent no és que la persona arribi a controlar totes les estratègies i continguts després de l'acció formativa sinó que entengui la relació que hi ha entre els seus coneixements i les seves experiències (Meirieu, 2007). Serà el domini sobre la pròpia cognició el que l'ajudarà a avançar amb el temps en la seva capacitació professional. Entesa així, tota formació no s'ha de concebre com el final d'una etapa sinó com a punt de partida cap al propi desenvolupament, un desenvolupament que ha de ser al llarg de la vida i que involucra tots els docents, que contínuament ens formulem preguntes sobre què passa a les nostres aules però també en les nostres ments.

Aquesta visió té les seves arrels en la perspectiva del desenvolupament de Vygotsky. Com assenyala Vygotsky (1986), l'educació no és un procés que culmina amb l'aprenentatge, sinó que va més enllà i contempla els desenvolupaments. En aquest sentit, els aprenentatges han de conduir necessàriament a aquests processos de desenvolupament. I en aquests processos, el treball amb *principis reguladors* prenen força com a element orientador no només per comprendre la pròpia realitat sinó també per, a través d'aquesta comprensió, anar dominant gradualment els elements que regeixen el bon ensenyament de llengües, sabent en tot moment en què s'està avançant, com i per què.

Això és el que Lantolf i Poehner (2014) assenyalen quan parlen de la necessitat de treballar en el desenvolupament professional del professorat des de la dialèctica dels dos tipus de conceptes o coneixement que distingeix Vygostky: els conceptes espontanis i els conceptes científics; i aquests darrers hauran de guiar el professorat en la seva pràctica docent, la qual cosa no és possible...

- si no emergeix la necessitat de qüestionar-se com es treballa a l'aula i d'observar el que passa;
- si no es pren consciència i qüestiona també el mateix concepte de llengua que regeix les pròpies pràctiques d'ensenyament;
- si no s'obre la pròpia perspectiva cap a sabers i perspectives que vénen de fora.

En conclusió, és necessari treballar en els programes de formació del professorat (inicial o continuada) des dels tres tipus d'experiències presentats i a partir de models basats en la indagació o la pràctica exploratòria. Però això no és tot. A més a més, el professorat també ha de desenvolupar una actitud oberta cap a nous plantejaments, una actitud que és necessària per enriquir la pròpia comprensió del que és aprendre i ensenyar llengua.

Referències

Cambra, M. (2009). "Educar 'en els' i 'per als' plurilingüismes a Europa. Com es pot replantejar la formació dels docents?" *Articles de didàctica de la llengua i de la literatura,* 49, p. 20-33.

Engeström, Y.; Sannino (2013). "La volition et l'agentivité transformatrice: perspective théorique de l'activité". *Revue internationale du CRIRES: innover dans la tradition de Vygotsky,* 1, p. 4-19.

ESTEVE, O. (2010). "La asignatura de enseñanza de lenguas en una titulación de lingüística". Dins: O. Esteve; K. Melief; A. Alsina. (coords.). *Creando mi profesión. Una propuesta para el desarrollo profesional del profesorado.* Barcelona: Octaedro, p. 153-170.

ESTEVE, O. (2013). "Entre la teoría y la práctica: comprender para actuar". *Eusko Ikaskuntza,* 19, 13-36.

ESTEVE, O.; CARANDELL, Z. (2009). "La formació permanent del professorat des de la pràctica reflexiva". *Articles de didàctica de la llengua i la literatura,* 49, p. 47-62.

ESTEVE, O.; CARANDELL, Z.; FARRÓ, L. (2012). "La construcción guiada de conocimiento en la formación del profesorado: la función mediadora de la interacción desde los distintos niveles de andamiaje pedagógico". Dins: U. Ruiz Bikandi; I. Plazaola. (eds.). *Actas del V Seminario El aula como ámbito de investigación sobre la enseñanza y el aprendizaje de la lengua.* Donostia: Universitat del País Basc, p. 292-305.

ESTEVE, O.; MELIEF, K.; ALSINA, A. (2010). *Creando mi profesión. Una propuesta para el desarrollo profesional del profesorado.* Barcelona: Octaedro.

GALPERIN, P. (1992). "Stage-by-stage formation as a method of psychological investigation". *Journal of Russian and East European Psychology,* 30(4), p. 69-80.

IMBERNÓN, F. (1994). La formación y el desarrollo profesional del profesorado. Barcelona: Graó.

IMBERNÓN, F. (2007). *10 ideas clave. La formación permanente del profesorado. Nuevas ideas para formar en la innovación y el cambio.* Barcelona: Graó.

JOHNSON, K. (2009). *Second language teacher education. A sociocultural perspective.* Nova York: Routledge.

KORTHAGEN, F. (2001). *Linking practice and theory. The pedagogy of realistic teacher education.* Londres: Erlbaum.

LANTOLF, J.; POEHNER, M.E. (2014). *Sociocultural theory and the pedagogical imperative in L2 education: Vygotskian praxis and the research/practice divide.* Londres: Routledge.

MELIEF, K.; TIGCHELAAR, A.; KORTHAGEN, F. (2010). "Aprender de la práctica". Dins: O. Esteve; K. Melief; A. Alsina. (coords.). *Creando mi profesión. Una propuesta para el desarrollo profesional del profesorado.* Barcelona: Octaedro, p. 197-210.

MEIRIEU, P. (2007). *Frankenstein educador.* 3a. ed. Barcelona: Laertes.

MONEREO, C. (2010). "La formación del profesorado: una pauta para el análisis e intervención a través de incidentes críticos". *Revista iberoamericana de educación*, 52, p. 149-178.

RICHARDS, J.; LOCKHART, C. (1998). *Estrategias de reflexión sobre la enseñanza de idiomas*. Cambridge: Cambridge University Press.

VYGOTSKY, L. (1986). *Thought and language*. Traductor: A. Kozulin. Cambrige, MA: MIT Press.

L'ENSENYAMENT I L'APRENENTATGE DE LA COMPOSICIÓ ESCRITA:

Recerques sobre dificultats d'aprenentatge, pràctiques d'ensenyament i formació del professorat. Diàleg amb Joaquim Dolz (Universitat de Ginebra)

A càrrec de Mariona Casas*
Universitat de Vic - Universitat Central de Catalunya

Joaquim Dolz-Mestre és professor catedràtic de didàctica de les llengües a la Facultat de Psicologia i Ciències de l'Educació (FPSE) de la Universitat de Ginebra (Suïssa), on el 1990 es va doctorar sota la direcció de J.P. Bronckart. Dirigeix el grup de recerca GRAFE-FOREN-DIF (Recherche pour l'Analyse du Français Enseigné et Formation des Enseignants en Didactique du Français), des d'on ha desenvolupat diverses investigacions sobre la didàctica dels gèneres orals i escrits i la formació dels ensenyants de llengües en contextos plurilingües. Va participar al IV Simposi Internacional sobre l'Ensenyament del Català amb una ponència sobre *L'ensenyament i l'aprenentatge de la composició escrita: recerques sobre dificultats d'aprenentatge, pràctiques d'ensenyament i formació del professorat.*

Mariona Casas (MC): Fa més de 25 anys que vostè investiga sobre l'ensenyament i l'aprenentatge de l'escriptura. Com va sorgir aquest interès?

Joaquim Dolz (JD): Jo vaig arribar a Ginebra després d'haver-me llicenciat en Ciències de l'Educació a la UAB (1979). Aleshores treballava en un centre pedagògic i m'ocupava d'infants amb dificultats d'aprenentatge en el llenguatge. En aquells moments a mi

* Membre de la Secretaria Permanent del IV Simposi Internacional sobre l'Ensenyament del Català. Grup de Recerca en Educació, Llenguatge i Literatura (GRELL) de la Universitat de Vic - Universitat Central de Catalunya. L'entrevista va tenir lloc a la Universitat de Ginebra, el juny de 2015, en el marc d'una estada de recerca de Casas (2014 MOBMIF00038)

m'interessava l'educació especial i vaig decidir anar a estudiar a la Universitat de Ginebra, on vaig cursar estudis en psicolingüística genètica amb el professor Jean-Paul Bronckart (Diploma d'Estudis Avançats en Didàctica de les Llengües, 1981). Allà vaig descobrir la importància de la didàctica de la llengua, que és un camp disciplinari completament diferent del camp de la didàctica general, perquè ens centrem en la llengua com a objecte d'ensenyament.

MC: A la seva tesi, *Catégorie verbale et activité langagière: le fonctionnement des temps du verbe dans les textes écrits des enfants catalans* (1990), vostè ja apunta cap a una perspectiva basada en els gèneres textuals.

JD: És una tesi sobre l'ús dels temps verbals en quatre situacions d'escriptura diferents, amb infants catalans d'entre 8 i 14 anys. Aleshores jo ja volia comprendre els obstacles dels nens i les nenes en l'escriptura, concretament en l'ús dels temps verbals. No sabria dir-li si ja tenia al cap el terme *gènere textual*, perquè jo els escrits no els anomeno així, a la tesi, però vam treballar a partir d'un text periodístic, un text explicatiu sobre el funcionament d'una resclosa, un conte clàssic i una carta. I certament vam veure com els infants usaven els temps verbals des d'una perspectiva textual. Aquella investigació té una lectura actual des del punt de vista psicolingüístic i de cara a la didàctica de les llengües perquè vam recollir dades en situació escolar i demostrem com aquestes quatre situacions d'escriptura es poden treballar a l'aula.

MC: Actualment dirigeix una recerca sobre escriptura i dificultats d'aprenentatge a l'educació primària i secundària a tota la Suïssa francòfona. Quin és l'objecte d'estudi d'aquesta investigació?

JD: En aquest projecte intentem categoritzar els diferents obstacles amb què els alumnes es troben en situacions d'escriptura a l'aula. Hem analitzat les pràctiques d'ensenyament de la composició escrita a 20 classes diferents, amb 20 professors diferents ensenyant l'escriptura d'un text argumentatiu, concretament una carta al director sobre temes d'interès per als infants i els joves, com poden ser els deures escolars, l'horari dels seus programes favorits de televisió, etc. En la recerca analitzem el desenvolupament d'aquestes seqüències didàctiques (SD) sobre l'argumentació. En concret, ens centrem en les produccions escrites dels tres alumnes més bons i dels tres que ho són menys, segons el professor, i l'objectiu és veure no només si progressen o no després de la implementació de la seqüència didàctica, sinó relacionar els resultats amb les pràctiques d'ensenyament del professor. El nostre focus és la interacció didàctica que es desenvolupa a l'aula, per relacionar el gest professional del docent amb l'aprenentatge dels alumnes. L'efecte de l'ensenyament és positiu en tots els casos, és a dir, totes les classes observades progressen, però cal mesurar el progrés dels alumnes.

MC: En quin termes és mesurable aquest progrés? És a dir, com estableixen una correlació entre la intervenció del professor i els resultats de l'alumnat?

JD: Aquesta és la clau de volta de la recerca. Partim d'algunes hipòtesis, que ara ja estem confirmant. Per una banda, sembla que no sempre el professor és capaç d'adaptar la seqüència didàctica (SD) al grup classe: al professor li costa molt avaluar les capacitats inicials de l'alumnat, de manera que hi ha una deriva tècnica de la SD; tal vegada segueix massa al peu de la lletra la SD sense comprendre alguns dels principis fonamentals de l'avaluació inicial i l'adaptació dels mòduls didàctics a les necessitats dels alumnes. Per altra banda, observem que tots els alumnes progressen, tant els bons com els alumnes amb dificultats. Però ens preguntem si progressen prou respecte al que s'espera d'una SD.

MC: Què han observat, fins ara?

JD: La resposta és controvertida. Hem dissenyat una graella d'avaluació amb tots els elements treballats a la SD i hi ha encara una part dels alumnes amb dificultats que no arriben als nivells mínims, segons els estàndards que els investigadors considerem que s'haurien d'exigir que, d'altra banda, també són compartits pel professorat. Per posar-li un exemple, si comparem les interaccions a l'aula de dos professors concrets, veiem algunes diferències que ens poden ajudar a entendre com es produeix el progrés de l'alumnat.

MC: Quines són aquestes diferències?

JD: En els casos on hi ha més progrés, observem més gest de regulació i, a més, el tipus de regulació és totalment diferent. La regulació del professor amb millors resultats qüestiona l'alumne, l'acompanya, però també li deixa espai per aprendre i el professor practica un ensenyament més explícit. Quan el docent detecta un obstacle d'aprenentatge no sols intervé per ajudar l'alumne a resoldre'l, sinó que hi ha una clara explicitació de l'obstacle. En qüestions tan aparentment senzilles com explicar què és un argument, un professor pot embolicar-se i no ser comprès pels alumnes i es pot produir un bloqueig a l'aula, o bé el professor pot treballar amb exemples concrets, preparats i validats prèviament, però elaborats en interacció a l'aula. En aquest segon cas, hi ha una institucionalització més explícita de les novetats que el docent està introduint i el discurs a l'aula canvia, perquè és molt més comprensible per a l'alumne parlar del llenguatge que es va desenvolupant, que el docent expliciti els conceptes que s'estan abordant, que usi exemples, etc. Són diferents maneres d'interactuar i cal tipificar-les.

MC: Com pot aprendre a interactuar d'aquesta manera un mestre o un futur mestre?

JD: Aquests gestos professionals s'han d'aprendre i, per tant, correspon a la formació inicial (o permanent) d'ensenyar-los. El primer gest que cal aprendre pot semblar una banalitat, però abans d'anar a l'aula el mestre o el futur mestre ha d'aprendre a planificar i a anticipar. És una obvietat, però cal preveure quins objectes d'ensenyament vol ensenyar i com ho vol fer. Per exemple, si es treballa la comprensió lectora, ha de planificar quin text treballarà, analitzar-lo i anticipar els problemes i les dificultats que creu que podran sorgir a l'aula. Ha de crear un dispositiu i arribar a l'aula amb els suports adequats. I després, naturalment, ha d'implementar el dispositiu.

MC: Quins gestos didàctics intervenen durant la implementació a l'aula d'un determinat dispositiu?

JD: N'hi ha diversos, però potser els més fonamentals són la *memòria didàctica*, la *regulació*, la *institucionalització del nou saber* i l'*avaluació*. El gest de la memòria didàctica és recordar què s'ha fet abans sobre el mateix tema i anticipar què es farà més tard. Qui guarda la memòria didàctica del grup és el professor i si treballa en projectes ha de saber articular els coneixements tenint en compte el que s'ha fet abans i el que es farà després. Pel que fa a la regulació, cal tenir present que no hi ha una sola forma de regular els aprenentatges: la regulació és aprendre a parlar, a dialogar amb els alumnes per construir nous sabers i per desenvolupar estratègies per identificar els obstacles que apareixen al llarg de l'aprenentatge, però que l'ensenyant ha d'haver anticipat. La regulació és més fàcil si s'anticipen els obstacles.

Un altre gest és la institucionalització del nou saber, que és el moment de fer una posada en comú: el que hem après fins ara és això. Es tracta d'explicitar els aprenentatges, reflexionar sobre el que s'ha après i estabilitzar els nous sabers per al grup, per a la comunitat discursiva que és l'aula. Finalment, també hi ha el gest d'avaluar, no sols l'acte mateix d'ensenyament, sinó avaluar inicialment les capacitats de l'alumne, durant la implementació avaluar per aprendre a crear dispositius i al final saber fer una avaluació certificativa.

MC: Quina mena d'obstacles apareixen en el moment d'aprendre a escriure?

JD: En la nostra investigació, en què pretenem categoritzar els tipus d'obstacles, seguim els treballs de la noció d'*obstacle* que s'han fet des de l'epistemologia (Bachellard) o des de la didàctica de les matemàtiques (Chevallard). Nosaltres intentem operacionalitzar els obstacles en escriptura i els hem classificat en tres tipus. En primer lloc, hi ha els obstacles epistemològics, els que l'alumne troba sobre el saber que està aprenent; en el cas de la nostra recerca, els obstacles relacionats amb l'escriptura, que poden ser diferents segons el tipus de text que s'escriu: per exemple, si es proposa l'escriptura d'un text argumentatiu, poden ser obstacles no saber organitzar el text en parts, no trobar els arguments adequats, no dominar l'ús dels connectors textuals, repetir paraules, etc. Tot això són dificultats lligades a l'objecte d'aprenentatge.

Un segon tipus d'obstacle és l'obstacle didàctic. Aquests ens interessen molt, perquè són els que es creen per la pròpia situació d'ensenyament i molt sovint estan lligats amb els anteriors. Si l'alumne té un obstacle per transformar el que sap, pot estar lligat a la situació que creem. Hi ha situacions d'ensenyament que paradoxalment poden ser contraproduents: la situació mateixa pot ser una nova dificultat. Aquests obstacles tenen molt interès des del punt de vista de la recerca, no pas per criticar l'ensenyant, sinó per comprendre la lògica de l'ensenyament-aprenentatge. I el tercer tipus d'obstacle és l'ontogenètic, lligat al subjecte: alumne que té un problema de visió o una deficiència cognitiva té un obstacle afegit que s'ha de tenir en compte si, per exemple, volem que aprengui a escriure.

MC: Quan plantegem l'ensenyament-aprenentatge de l'escriptura a l'aula hi ha molts aspectes que no tenen a veure, estrictament, amb els coneixements lingüístics. Com els ha de plantejar el docent?

JD: El docent ha de tenir clar què és específic de la llengua que s'ensenya i quins coneixements es poden aprendre o poden haver estat apresos en altres llengües. En la nostra recerca treballem l'escriptura en llengua francesa: els alumnes escriuen una carta al diari i nosaltres evidentment comptem el nombre d'arguments que usen, cosa que també podríem fer en català, però específicament analitzem l'ús de la llengua francesa mentre escriuen l'argumentació. Ens fixem en els usos formals de la llengua, perquè prenem la llengua i els seus usos com a objecte de l'ensenyament. Jo sóc molt vigostkià, molt logocèntric, en el sentit que entenc que la llengua té un paper molt important: per exemple, si els alumnes escriuen un article periodístic, han de buscar una fotografia que acompanyi l'article i han d'escriure la llegenda de la fotografia... i això és la multimodalitat de la llengua, és a dir, com la imatge s'integra al text. A diferents nivells, podem veure la importància de la llengua, però el problema és que massa vegades es fa un treball que pròpiament és lingüístic sense l'explicitació dels elements lligats a la llengua.

MC: Sovint una visió excessivament pragmàtica o comunicativa oblida la llengua com a objecte...

JD: Cal tenir uns sabers sobre la llengua, sobre l'ús de la llengua i sobre la seva gramàtica, perquè això és necessari per a l'expressió, i és un coneixement que s'ha de treballar de manera sistematitzada, articulada. S'ha d'ensenyar la llengua com a objecte d'aprenentatge i això exigeix uns coneixements particulars per part dels mestres.

MC: Paral·lelament a aquesta recerca sobre escriptura i dificultats d'aprenentatge, vostè també en dirigeix una altra sobre la formació dels ensenyants. Quina relació hi ha entre aquestes dues investigacions?

JD: Si arribéssim a definir clarament quins són els gestos fonamentals del professor probablement això tindria conseqüències en la formació del professorat. Són recerques diferents, perquè els objectes de recerca són diferents, però des del punt de vista teòric estem construint una teoria que lligui la formació del professorat amb la didàctica. La nostra visió de la formació del professorat és didàctica.

MC: Com plantegen aquesta investigació sobre la formació del professorat?

JD: Ens centrem en les seqüències de formació. El que hem fet ha estat analitzar les pràctiques de formació del professorat en un domini particular de la llengua, que és l'expressió escrita. Treballem amb la triangulació entre el mestre formador, l'objecte de formació i el futur mestre. La particularitat d'aquesta recerca és que la totalitat de la mostra són totes les unitats de formació que durant un curs han treballat sobre la formació del professorat a la Suïssa francòfona en l'ensenyament de l'expressió escrita. Hem analitzat les activitats de formació en què els futurs mestres planifiquen una pràctica que després desenvoluparan a l'aula i el treball d'implementació a l'aula, acompanyats per un formador de terreny, és a dir, un mestre formador.

MC: A Catalunya no tenim aquesta figura...

JD: A Suïssa es dóna molta importància a la formació del professorat. A Ginebra el model de formació inicial dels mestres es basa en pràctiques d'alternança. Nosaltres hem pres les que estan articulades a l'entorn de l'ensenyament de l'escriptura. Poden ser seqüències que van des de la realització d'un dictat a nens d'educació infantil, que encara no dominen el codi, a l'anàlisi de textos escrits pels alumnes per establir les hipòtesis sobre els coneixement que els nens i nenes tenen sobre el codi i sobre els textos que són capaços d'escriure. Són seqüències molt variades, però totes es desenvolupen en un entorn de formació, amb la presència d'un mestre expert (*formateur de terrain*), un mestre formador que acompanya i guia l'estudiant en pràctiques.

MC: Fer recerca sobre la formació necessàriament ha d'implicar millorar la pràctica docent.

JD: Professionalització vol dir autonomia de decisió i capacitat d'analitzar les pròpies pràctiques. A Ginebra som del parer que el futur professor pugui entrar en un procés d'investigació: el formem perquè tingui una base per poder llegir i realitzar recerques. Certament és difícil proposar prescripcions sobre l'ensenyament sense que hi hagi un mínim de base de recerca i d'experimentació. Intentem fonamentar el nostre treball de formació en la recerca i per això es fan recerques sobre la formació.

MC: Tal com ho explica, sembla que la relació entre formació i recerca està molt ben travada...

JD: La recerca no busca veure les contradiccions entre les prescripcions institucionals i el que es fa, però si aquest és l'objectiu, cal observar el referencial de competències professionals i comprovar si s'assoleixen o no durant la formació... Per exemple, des del punt de vista dels objectius del referencial de competències del Baccalauréat Universitaire en Sciences de l'Éducation-Orientacion Enseignement Primaire[1], s'insisteix que cal mobilitzar les TIC, però en el cas de l'es-

1. La formació dels mestres de primària a la Universitat de Ginebra consta de quatre anys: els tres primers corresponen al Batxillerat Universitari en Cièn-

criptura, hi ha molt poca formació del professorat en aquest àmbit. Si bé s'utilitzen plataformes per a la formació, hi ha pocs objectes de la formació sobre l'escriptura a través dels ordinadors, o les diferències entre escriure a mà o a l'ordinador. I la prescripció demana una articulació que, per ara, no existeix. Si l'objecte de la recerca fos aquest, hauríem de treballar en aquest sentit.

MC: Com es trasllada la recerca a la formació?

JD: La formació sovint és fruit d'una urgència: en formació permanent, per exemple, et demanen un curs de formació i un mes per preparar-lo, i crees del curs. Però la recerca demana temps. En el nostre cas, tenim més de 300 hores de formació gravades, transcrites i analitzades. El temps de la recerca és molt més llarg que el temps de l'enginyeria didàctica o de la formació; els objectius tampoc són els mateixos i, per tant, no sempre aquesta relació és fàcil. La nostra recerca vol comprendre com treballa el formador en l'ensenyament de l'expressió escrita i, per ara, un dels resultats és que facilitar ferramentes, tant per ensenyar com per avaluar, és fonamental. I això sí que ens interessa perquè en la formació hem d'ajudar els futurs mestres a saber crear i implementar aquests dispositius.

MC: Sovint, però, el docent prefereix les receptes més que no pas les ferramentes...

JD: És cert, però aquest no és el camí. En la primera recerca de què hem parlat li deia que hem observat que hi ha ensenyants que no es fan prou seves les seqüències didàctiques. Les seqüències no són receptes, són ferramentes i una de les finalitats del formador en l'ensenyament de l'expressió escrita és crear conceptes operacionals per a la pràctica. La prioritat no és aplicar una recepta sinó entendre com funciona un dispositiu didàctic, saber crear-lo per ensenyar i per avaluar les produccions dels alumnes. Jo dono molta importància a les recerques per comprendre les pràctiques de l'ensenyament i la formació. Cal continuar fent recerques per desenvolupar, experimentar i validar noves ferramentes per a l'ensenyament.

---

cies de l'Educació i amb el quart s'obté el Certificat Complementari en Ensenyament Primari, que permet accedir a la professió docent a les escoles públiques ginebrines. Després del primer any del Batxillerat Universitari (1r cicle), comú a altres estudis vinculats a les ciències de l'educació, es fa una prova d'admissió per continuar la branca d'ensenyament primari (2n cicle, 2n i 3r curs) (*Nota de l'entrevistadora*).

Referències

DOLZ-MESTRE, J.; IDIAZABAL, I. (ed.) (2013). *Enseñar (lenguas) en contextos multilingües*. Leioa: Universidad del País Vasco.

DOLZ-MESTRE, J.; LEUTENEGGER, F. (2015). "L'analyse de pratiques dans la formation à l'enseignement". *Revue des Hautes écoles pedagògiques et institucion assimilées de Suisse romande et du Tessin*, 18, p. 7-16.

DOLZ-MESTRE, J.; PLANE, S. (2008). *Formation des enseignants et enseignement de la lecture et l'écriture. Recherches sur les pratiques*. Namur: PUN.

DOLZ-MESTRE, J.; TUPIN, F. (2011). "La notion de situation dans l'étude des phénomènes d'enseignement et d'apprentissage des langues: vers une perspective socio-didactique". *Recherches en éducation*, 12, p. 82-97.

DOLZ-MESTRE, J.; NOVERRAZ, M.; SCHNEUWLY, B. (2001). *S'exprimer en français. Séquences didactiques pour l'oral et l'écrit*. Brussel·les: De Boeck.

DOLZ-MESTRE, J.; SCHNEUWLY, B.; THÉVENAZ-CHRISTEN, T. (2008). "L'articulation vygotskienne entre objet enseigné et outil médiateur comme fondement de la didàctiques". Dins: M. BROSSARD; J. FIJALKOW (ed.). *Vygotski et les recherches en éducation et en didactiques*, Bordeus: Presses Universitaires de Bordeaux, p. 143-156.

DOLZ-MESTRE, J.; GAGNON, R.; VUILLET, Y. (2011). *Production écrite et difficultés d'apprentissage*. Ginebra: Université de Genève, Faculté de psychologie et des sciences de l'éducation [traducció al català: DOLZ-MESTRE, J., GAGNON, R. I RIBERA, P. (2013). *Producció escrita i dificultats d'aprenentatge*. Barcelona: Graó].

NONNON, E.; Dolz-MESTRE, J. (ed). (2010). *La notion de progression dans la pratique et la réflexion sur la langue de l'école au collège. Repères*, 41.

PASQUIER, A.; DOLZ, J. (1996). "Un decálogo para enseñar a escribir". *Cultura y educación*, 2, p. 31-41.

TOBOLA-COUCHEPIN, C.; DOLZ-MESTRE, J. (en premsa). "Pratiques d'évaluation de la production écrite à l'école primaire: entre application et construction". Dins: J. DOLZ-MESTRE, J.-L. DUMORTIER, E. FALARDEAU i P. LEFRANÇOIS (ed.). *L'évaluation en didactique du français*. Namur: PUN.

WIRTHNER, M. (2006). *La transformation de pratiques d'enseignement par l'outil de travail: observation de séquences d'enseignement du résumé écrit de texte informatif à l'école secondaire*. Ginebra: Université de Genève, Faculté de Psychologie et des Sciences de l'Education.

TAULA RODONA

PER UNA INTERACCIÓ SOCIAL I COMUNICATIVA EFICAÇ: EL LLOC DE LA NORMATIVA EN L'APRENENTATGE I L'ÚS DE LA LLENGUA

Imma Buñuel, Assumpta Fargas, Isidor Marí, Vicent Pascual, Carme Vilà

Aquesta taula rodona va tractar del lloc que ocupa l'aprenentatge de la normativa en el procés de construcció de la competència comunicativa, com a part integrant de la capacitat d'interacció social efectiva. Es partia de la base que la normativa és important en l'aprenentatge de la llengua tant per aconseguir la qualitat i l'efectivitat de l'ús lingüístic com per a la construcció d'un espai comunicatiu català comú. Els participants, coordinats per Isidor Marí, van ser:

- Imma Buñuel, mestra de primària, assessora LIC del Departament d'Ensenyament de la Generalitat de Catalunya. Experta en didàctica.
- Assumpta Fargas, professora de Didàctica de la Llengua a la Facultat d'Educació, Traducció i Ciències Humanes de la Universitat de Vic - Universitat Central de Catalunya.
- Isidor Marí, sociolingüista, professor de la Universitat Oberta de Catalunya i president de la Secció Filològica de l'IEC.
- Vicent Pascual, mestre i pedagog. Membre de la Secció Filològica de l'IEC. Assessor de l'associació Escola Valenciana.
- Carme Vilà, professora de secundària, autora de diversos treballs sobre l'aprenentatge de la llengua.

Va intervenir en primer lloc Vicent Pascual, que va tractar del marc educatiu en què s'inscriu l'aprenentatge de la llengua i la normativa: quins coneixements en té l'alumnat, quins factors hi influeixen (família, entorn social, model de llengua, paper dels centres i del seu projecte lingüístic, enfocament de l'aprenentatge de la llengua i de l'avaluació). La seva intervenció constitueix una contextualització general dels temes abordats a la taula rodona.

A continuació, Isidor Marí va subratllar la naturalesa de la llengua com a conjunt de varietats (dialectals i funcionals, amb unes normes socials implícites), entre les quals té una funció social especial la varietat estàndard (que també presenta una variació interna: geogràfica, social i funcional). La funció de l'autoritat acadèmica de l'IEC és ordenar, explicitar i completar les normes que orienten el funcionament de la varietat estàndard. D'altra banda, cal tenir en compte que els actes comunicatius —i els gèneres de comunicació— formen part de la interacció social. Per tant, convé exercitar la competència lingüística i normativa a la vista de la finalitat social en què s'inscriu la comunicació.

Imma Buñuel, en tercer lloc, va comentar en quina mesura i amb quina progressió es poden treballar aquestes qüestions durant l'ensenyament primari.

Carme Vilà, al seu torn, en va parlar fent referència a l'ensenyament secundari i el batxillerat.

Finalment, Assumpta Fargas va aportar un doble punt de vista: un de més específic, sobre la didàctica de l'ortografia, i un de més general, sobre la formació dels ensenyants i la seva capacitació didàctica, tornant així a veure integradament els diversos aspectes considerats.

Marc en què s'inscriu l'aprenentatge de la llengua i de la normativa

Vicent Pascual

1. Introducció: la qualitat de la llengua

Enfeinada a aconseguir l'extensió del coneixement, ocupada impartint nocions de gramàtica teòrica i, tot sovint convençuda que ensenyar llengua era tasca només dels professors de català, l'escola no ha pogut o no ha sabut fins ara ocupar-se de la qualitat de la llengua.

F. Xavier Vila (2014)

El domini de la normativa no és ni l'únic ni el principal problema de la llengua. El més important és l'empobriment de les formes d'expressió oral i escrita, especialment en determinats àmbits d'ús. La sensibilitat per dir coses ben dites, per expressar-se adequadament, per ser receptius a la bellesa del llenguatge, són objectius primordials. La normativa pot ser un instrument per aconseguir-ho, però no l'únic.

Anna Camps (1999)

Aquestes dues citacions, procedents del camp de la sociolingüística educativa, la primera, i de l'ensenyament de llengües, la segona, constaten la percepció generalitzada entre les persones interessades d'una minva de la qualitat en general de la llengua a l'escola, tant entre els alumnes catalanoparlants com, més encara, entre els alumnes que han aprés el català com a llengua segona. La primera planteja una insuficient qualitat normativa de la llengua dels escolars, mentre que la segona posa l'èmfasi en la pobresa dels recursos lingüístics que els escolars fan servir en la comunicació oral i escrita. I sobretot la primera constitueix un toc d'atenció a l'eficàcia de l'educació lingüística que s'imparteix tant a les escoles com als instituts.

Per dir-ho clar i ras, tot dos autors expressen l'opinió, de manera implícita o explícita, que la millora de la qualitat normativa de la llengua dels escolars i l'enriquiment dels seus recursos lingüístics és tasca de l'escola. Però l'escola no és l'única instància que ensenya llengua als nostres joves: d'entrada hi ha la família i l'entorn, el paisatge lingüístic oral i escrit, i més avant altres àmbits amb un atractiu més gran com ara els mitjans de comunicació o les xarxes socials.

No entendrem, doncs, les dificultats a què s'enfronta l'escola a l'hora d'ensenyar la llengua normativa si no tenim en compte alguns factors tant interns com externs que condicionen profundament la seua tasca.

2. Quins són els factors que condicionen la tasca de l'escola?

Si volem concretar aquests factors externs i interns que condicionen la tasca de l'escola, haurem d'esmentar, entre altres, els següents:

- La baixa qualitat del català que adquireixen els infants fora de l'escola —en la família, en l'entorn social i a través dels mitjans de comunicació—, com a conseqüència de la situació sociolingüística de la nostra societat. Aquesta situació ve marcada per una pressió constant del castellà, omnipresent en tots els àmbits d'ús, que provoca la seua penetració en major o menor grau en les estructures lingüístiques de la llengua subordinada i l'empobriment dels seus recursos expressius.
- El fet que molts alumnes no tenen el català com a llengua d'origen i l'han d'aprendre a l'escola com a segona llengua.
- Les pràctiques comunicatives dels joves, gens motivats envers la llengua normativa, practicants sense complexos de la hibridació castellà-català, i adeptes a la simplificació del codi en la comunicació per mòbil i altres xarxes socials.
- El model de llengua normativa que utilitza l'escola, basat majoritàriament en la llengua escrita formal, percebut sovint a una distància excessiva del llenguatge del carrer i, per tant, considerat difícil d'aprendre i, més encara, d'usar de manera espontània.
- La circumstància que l'ensenyament del català als joves tinga lloc, a les escoles i instituts, simultàniament al d'altres llengües, poderoses des del punt de vista sociolingüístic i molt atractives des del punt de vista comunicatiu, cosa que pot fa-

cilitar la igualació d'estructures, la hibridització i la interferència.

- La complexitat d'ensenyar la llengua en aules multilingües on hi ha alumnes procedents de llengües i cultures diverses, i amb nivells de competència en català absolutament heterogenis.
- La dificultat que tenen alguns docents a l'hora d'oferir un model de català oral de qualitat, tant en l'ensenyament del català com a àrea com en la seua utilització com a instrument d'aprenentatge en les àrees no lingüístiques.

En aquestes circumstàncies, quina és l'actuació de l'escola pel que fa al tractament de la llengua normativa en l'educació lingüística a les escoles i instituts?

3. Hi ha un context favorable, en l'educació obligatòria, per a l'adquisició de la llengua normativa?

Cal tenir en compte, d'entrada, que no és la llengua normativa l'únic objectiu que s'han de proposar tant les escoles com els instituts. La qualitat de la llengua implica, en efecte, adhesió a la normativa; però també precisió, fluïdesa, complexitat, riquesa de recursos expressius, creativitat i adequació —amb una consideració flexible de la normativa— a les diferents situacions comunicatives, de les més formals a les més informals. I des d'aquesta perspectiva, a parer nostre, l'adquisició de la llengua normativa ha de ser el resultat d'un bon ensenyament i ús vehicular de la llengua.

En aquest aspecte cal reivindicar amb rotunditat la tasca ingent que ha realitzat el sistema escolar català en els darrers anys. Malgrat els condicionants certament complexos que ha hagut d'afrontar, ha aconseguit estendre l'ensenyament del català a pràcticament tot l'alumnat, i el percentatge de joves que en eixir de l'escola no saben parlar, llegir i escriure en català és com més va més reduït.

Aconseguida, però, aquesta meta és hora, potser, de preocupar-nos una mica més de la qualitat de la llengua que adquireixen, durant els anys d'ensenyament primari i secundari, els nostres escolars. El primer pas consistirà a analitzar algunes de les pràctiques pedagògiques que caldria millorar per tal d'aconseguir-ho, especialment en els alumnes que tenen el català com a llengua segona (o tercera o quarta).

Entre aquestes pràctiques millorables podem esmentar les següents:

- L'ús que es fa d'un model de llengua escolar massa rígid, centrat quasi exclusivament al voltant dels usos formals escrits, que rebutja les característiques pròpies de la gramàtica del llenguatge oral i la variació inherent als diversos registres i estils, i que posa més èmfasi en la correcció que en la riquesa de recursos expressius i l'adequació a la situació comunicativa.
- Un desenvolupament insuficient dels recursos lingüístics dels nostres alumnes —lèxics, gramaticals, textuals— mitjançant un treball aprofundit sobre l'oral, tant informal com formal. Un treball que sí que es fa en les etapes inicials, però que s'afebleix a mesura que els alumnes van sent capaços de realitzar el treball escrit. Es tracta d'un treball molt important per als que tenen el català com a primera llengua, però imprescindible per als que la tenen com a llengua segona.
- Un treball de llengua excessivament centrat en la recepció (*escolta* i *lectura*) i l'anàlisi (*reflexió sobre la llengua*) amb la marginació total o parcial de les activitats d'ús i aprenentatge més valuoses pel que fa a l'adquisició de competència *real*: la *interacció* i la *producció oral i escrita* amb un objectiu, i dins un context d'aprenentatge de la comunicació i de l'ús de la comunicació per a aprendre.
- Un currículum reiteratiu pel que fa als elements de reflexió sobre la llengua —gramàtica, principalment, però també ortografia i lèxic—, que repeteix any rere any els mateixos continguts, i que impedeix la construcció progressiva de coneixements cada vegada més profunds i complexos.
- Una metodologia de la gramàtica centrada en la memorització de regles i en la realització d'exercicis descontextualitzats, sense relació directa amb l'activitat comunicativa oral i escrita.
- Una centració del treball de llengua en l'Àrea de Llengua i Literatura, oblidant el paper de la llengua en la construcció dels continguts curriculars de les àrees no lingüístiques, i l'aug-

ment de competència que pot proporcionar un enfocament integrat de la llengua i els continguts d'aquestes àrees especialment per als alumnes de català com a llengua segona.

- Una aplicació insuficient de les tècniques i estratègies didàctiques pròpies de l'ensenyament del català com a L2, dels enfocaments didàctics plurilingües i de la gestió de les aules multilingües.
- Una subordinació excessiva de l'ensenyament de la llengua als llibres de text com a intèrprets únics del currículum.
- Manca d'actuacions per aconseguir que les competències i coneixements adquirits en les classes de català repercutisquen en un augment de l'ús. Ha de ser un augment de l'ús que passi, indefugiblement, per l'automatització d'aquests coneixements i competències, especialment les orals, per tal de proporcionar seguretat i confiança a l'hora de parlar i relacionar-se i facilitar un canvi de les pràctiques comunicatives envers el català per part de l'alumnat no catalanoparlant d'origen. A més, sens dubte, cal desenvolupar tècniques i plantejaments nous per a influir en els usos lingüístics personals dins el centre quan els alumnes són fora de l'aula.

Des d'aquesta perspectiva ens hauríem de preguntar si no hem desaprofitat el centre com a context comunicatiu global, creador de situacions comunicatives informals i formals, on totes i cadascuna de les persones que en formen part —docents, conserges, personal administratiu, etc.— es converteixen en agents de l'augment i millora de l'ús de la llengua.

I en aquest context, també serà necessari preguntar-se si la competència lingüística i tècnica del professorat és a hores d'ara suficient per a abordar la modificació d'aquestes pràctiques, especialment dins el marc d'educació plurilingüe en què es desenvolupa l'ensenyament del català.

Alguns canvis, doncs, serien desitjables en el tractament de la llengua —de les llengües— dins el nou marc d'educació plurilingüe i intercultural. Les recomanacions de l'apartat següent en proposen uns quants.

4. Recomanacions: un ensenyament de la llengua per a l'ús, la construcció de coneixements i la normalització

Com hem dit més amunt, el desenvolupament dels recursos expressius i la seua adequació a la normativa són processos que es desenvolupen paral·lelament i es potencien mútuament mitjançant un bon ensenyament de la llengua; un ensenyament de la llengua que ha d'incorporar, indefugiblement, dins de marcs d'actuació que amplien els plantejaments tradicionals:

Marc de Països Catalans

- Adopció d'un model de llengua escolar fonamentat en la variació, que tinga en compte d'on es ve (d'una llengua col·loquial empobrida i castellanitzada), a on es va (cap a uns estàndards convergents en tota l'àrea lingüística) i com s'hi ha d'anar (descastellanització del llenguatge col·loquial, incorporació gradual d'usos i registres formals de l'estàndard del territori, ús del llenguatge literari, científic i tècnic, i familiarització amb els estàndards dels altres territoris).

Marc de renovació didàctica

- Un ensenyament competencial, amb les tècniques i estratègies didàctiques adequades, sobre continguts rellevants i interessants, mitjançant unitats de treball en què aquestes habilitats es treballen de manera integrada, i en situacions comunicatives d'ensenyament-aprenentatge iguals o semblants a aquelles en què aquestes habilitats s'utilitzen en la comunicació real fora de l'escola.
- Una reflexió sobre la llengua lligada a les activitats d'aprenentatge i ús de la comunicació oral i escrita —tant en recepció (*escolta* i *lectura*) com en producció (*parla* i *escriptura*)— i a l'anàlisi de produccions pròpies i d'altri amb la finalitat de construir un saber gramatical lligat a les seues funcions comunicatives.
- Ús de materials curriculars variats i flexibles, on els llibres de text són un recurs més, al costat de documents reals, especialment els que provenen de l'univers comunicatiu en què es troba immergit l'alumne, d'Internet o dels mitjans de comunicació.

- Un tractament de l'educació literària que propose que els alumnes gaudisquen i s'enriquisquen a partir de la lectura dels diversos gèneres literaris, que desenvolupen les seues capacitats d'anàlisi crítica, que participen en la vida cultural, que assumisquen els referents literaris propis i que entren en contacte amb obres cabdals de la literatura europea i universal, i que experimenten amb les capacitats pròpies de creació literària. Els coneixements literaris teòrics i històrics haurien d'estar subordinats a aquests objectius.

Marc del multialfabetisme i les TIC

- Una integració del treball de llengua amb el de diferents codis de significació (so, imatge, gest, etc.) dins el marc del multialfabetisme crític i les tecnologies de la informació i la comunicació (TIC).

Marc de plurilingüisme

- Un treball amb els alumnes que afavorisca el coneixement de la diversitat lingüística en el món actual, la necessitat de conéixer diverses llengües i de familiaritzar-se amb diverses cultures; especialment, la valoració i estima de la llengua pròpia, i el valor intel·lectual, educatiu, professional i d'integració que proporciona conéixer i usar la llengua pròpia del país on es viu.
- Un tractament integrat de les llengües del currículum (TIL), a partir del català com a nucli al voltant del qual s'organitze la integració, amb una atenció prioritària a la millora de l'ensenyament del català com a L2 i a l'organització i gestió de les aules multilingües.

Marc de construcció de coneixements

- Un enfocament integrat de llengua i continguts (TILC) pel que fa a l'ús vehicular del català, tant com a L1 com, especialment, com a L2, que utilitze les habilitats *d'interactuar, escoltar, parlar, llegir, escriure* i *transllenguar* per a l'adquisició del llenguatge acadèmic i la construcció dels continguts disciplinaris de les assignatures no lingüístiques.

Marc de normalització

- Un ensenyament i pràctica constant de les habilitats d'ús efectiu de la llengua, no solament en situacions escolars formals, sinó també en situacions informals, amb una automatització progressiva de les habilitats comunicatives orals que permeten que el català puga convertir-se en llengua de confiança dels joves en la comunicació entre iguals i sobre temes de la cultura adolescent.

- Conceptualització de centres vistos com a unitats de microplanificació lingüística, no solament pel que fa a l'ensenyament i ús vehicular de les llengües, sinó per a la creació d'un clima comunicatiu i l'adopció d'unes estratègies que promoguen la conscienciació i el compromís envers la llengua, que inciten a l'ús personal més enllà de la classe, que dinamitzen el seu ús en tots els àmbits del centre i que projecten aquest ús sobre l'entorn.

5. Per concloure

Un bon ensenyament de la llengua abraça un munt d'elements sociolingüístics, didàctics i organitzatius que fan la tasca enormement complexa i alenteixen o dificulten canvis profunds en aquest camp. El repte principal, però, és que torne el gust per la llengua, el plaer d'ampliar la riquesa de recursos expressius i d'utilitzar-los de manera precisa, fluida, complexa, creativa i adaptada al propòsit comunicatiu i a les necessitats dels interlocutors.

I exigeix, sobretot, que assumim amb totes les conseqüències que ha de ser el professorat l'artífex d'aquest canvi profund en l'ensenyament de la llengua. I que aquest canvi no tindrà lloc sense una política nacional rigorosa de formació inicial, selecció, formació continuada i incentivació del professorat. És així com el sistema educatiu disposarà de professorat competent —des del punt de vista lingüístic, tècnic i organitzatiu— compromés amb la nostra llengua i cultura, i motivat per a abordar la renovació profunda que l'ensenyament del català dins d'un model d'educació plurilingüe i intercultural necessita.

Normes i variació lingüística, en el marc de la comunicació i la interacció

Isidor Marí

1. Llengua, comunicació i interacció social

La llengua forma part de l'activitat humana en el sentit més ample. Usem el llenguatge per a fer coses: cadascun dels actes comunicatius és un gènere de comunicació —una conversa, una carta, un acudit, un article— i formen part de la interacció social. No ho hem d'oblidar.

Tanmateix, no aprenem llengua simplement per a comunicar-nos (tan sols perquè ens entenguin i per a entendre els altres). Aquest és l'aspecte més immediat, però també el més superficial, de les funcions de la llengua i de la competència lingüística comunicativa de cadascun de nosaltres.

Aprenem llengua per a entendre i organitzar el món en una comunitat cultural concreta (és això que ens permet parlar de les coses amb els altres), per a recuperar i ampliar una herència cultural i enriquir-la (així participem en la història i en el futur de la nostra gent i de la humanitat). I si volem comunicar amb els altres és sobretot per a compartir idees i projectes, per a fer coses amb ells i tenir èxit en els projectes que compartim. En definitiva, per a fer alguna aportació útil per a nosaltres i per a la humanitat.

La qualitat de la llengua és la condició de l'eficàcia comunicativa. Necessitem comunicar bé si volem tenir eficàcia: que els projectes i les relacions amb els altres ens surtin bé. Si no dominem la llengua, la comunicació no funcionarà bé; si escrivim o parlem defectuosament (amb construccions gramaticals imprecises, amb un lèxic inapropiat, amb una escriptura confusa o una dicció vacil·lant, amb una organització desordenada del text... i amb errors normatius, en moltes ocasions), no aconseguirem ser eficaços en allò que volem fer (sigui divertit o seriós, sigui important o de broma).

Amb algun exemple ho veurem més clar: suposem que volem escriure una carta per a aconseguir un lloc de treball o ens han convocat a una entrevista de selecció, per veure si ens escullen per a una feina que ens interessa. Què passarà si no escrivim o parlem adequadament? És en un context així que entenem la importància d'escriure o parlar bé, no sols normativament bé, però també.

Aquestes són situacions serioses, formals. Podríem pensar també en equivalents informals: hem d'escriure una nota (un missatge) o tenir una conversa (directa, per telèfon) per tal de convèncer algú que ens atreu especialment perquè vingui diumenge a una festa. Aquí potser sortim de l'estàndard i en el col·loquial no hi cal tanta precisió normativa, però si no dominem el llenguatge adequat (els gèneres col·loquials tenen les seves pròpies «normes»), també fracassarem.

Podem imaginar altres exemples:

- La visita a l'escola d'una persona entesa en el cultiu de plantes (relacionant-ho amb l'hort escolar). Se'n pot treure molt de partit: preparant l'explicació de l'estat de l'hort perquè la conegui el visitant, preparant les preguntes adequades sobre allò que resulta més necessari aclarir, etc.
- La preparació d'una proposta de viatge o excursió que resulti especialment convincent i atractiva. Es pot preparar individualment o en grup, per escrit o de paraula o en powerpoint (combinant elements no verbals), introduint els aspectes de planificació i revisió del text, i valorant *a posteriori* per què una de les propostes ha tingut més èxit, i en quina mesura hi han influït els aspectes de la qualitat (comunicativa, lingüística, normativa) del text.
- Un taller de ràdio, de teatre, de vídeo... (competències multimodals, avui necessàries).

2. La variació en la normativa. Adequació i correcció normativa

L'ensenyament ha de treballar les comunicacions formals i les informals ambdues imprescindibles per a activar l'ús efectiu de la llengua. Cadascuna té les seves normes (no sols la normativa explícita, sinó també altres normes socials implícites). Si no entén tothom per què és important dominar els recursos (lingüístics, textuals, normatius) a fi de comunicar bé, és molt difícil que vegi l'interès de conèixer com s'ha d'organitzar un intercanvi comunicatiu, de quines parts consta, per què és important la precisió del lèxic i de la construcció gramatical... i per què hi ha casos en què desconèixer la normativa pot tenir efectes socials negatius. No és únicament per aprovar un examen que estudiem gramàtica o normativa.

La llengua és un conjunt de varietats dialectals i de gèneres de comunicació (funcionals), amb normes socials implícites. La varietat comuna o estàndard és la que busca la màxima eficàcia per al conjunt de la societat, especialment en els usos formals (però també amb graus diferents de formalitat). L'Institut d'Estudis Catalans proposa orientacions normatives explícites per a aquesta varietat comuna, admetent que dins de l'estàndard també hi ha variació (geogràfica, funcional, generacional).

Però, com dèiem, hi ha convencions textuals importants, a part de la normativa. Una carta formal (per a demanar feina) o una entrevista formal (perquè vegin que complim amb els requisits i som idonis per a un lloc de treball) reclamen altres competències, a part de la comunicació lingüística i de la normativa, però sense competència comunicativa i normativa no serà fàcil que tinguem èxit.

L'organització de la carta com a gènere escrit o l'organització de l'entrevista com a gènere oral interactiu no són part de la normativa. Hi ha unes estructures textuals, orals o escrites, que hem de conèixer: com saludem, com ens presentem, quin tractament fem servir, com narrem la nostra història personal, com exposem les nostres capacitats... Si cometem errors formals, gramaticals, lèxics, de dicció, d'escriptura *i també de normativa*, l'objectiu pot fallar.

L'existència d'una varietat comuna o estàndard ens assegura que la comunicació pot seguir uns criteris vàlids en qualsevol punt de la comunitat lingüística. Però moltes convencions socials i textuals són vàlides més enllà dels límits d'una llengua concreta.

Les convencions lingüístiques compartides són l'àmbit de la varietat comuna o estàndard de cada llengua. La normativa, en efecte, és específica de cada llengua. Però en l'aprenentatge convé distingir entre errors normatius i altres defectes d'adequació:

- Interferències, calcs o manlleus d'altres llengües (acceptables o no: *futbol/jefe,* adaptables o no: *maquinari/hardware*), fonètics, sintàctics, lèxics.
- Formes col·loquials genuïnes (encara que no siguin adequades en l'estàndard formal): *naltros, halar* —o exclusives de la llengua oral espontània: *coneixe'l, 'nem's-en.*

- Graus de formalitat diferents en l'estàndard: *Els propietaris dels quals parlem poden reclamar llurs drets / Aquests que ara en parlàvem, que reclamin els seus drets.*
- Errors gramaticals, gràfics o fonètics; imprecisions lèxiques; inadequacions textuals (transgressió de convencions no lingüístiques).

En definitiva, l'objectiu personal de la interacció social és l'eix que dóna sentit a tots els aspectes comunicatius, lingüístics i normatius que cal posar a prova (amb l'exemple que hem esmentat, és obvi que cal evitar una carta mal estructurada, amb errors o faltes de llengua, etc., igual que una exposició oral desordenada, amb vacil·lacions lingüístiques i defectes d'expressió).

Naturalment, el context escolar i l'entorn social presenten uns condicionaments específics en cada situació d'aprenentatge o d'utilització de la llengua. El procés d'adquisició de la competència interactiva, comunicativa, lingüística i normativa s'ha de graduar segons els nivells educatius: per als infants pot ser difícil entendre per què s'ha de fer una carta o un discurs amb una modalitat de llengua formal, si encara no tenen l'experiència social adequada.

En qualsevol cas, la proposta que podem fer és que cada exercici de llengua vagi precedit d'una explicació que permeti comprendre que hi ha uns requisits d'eficàcia social i comunicativa, que són els que exigeixen el respecte d'uns criteris d'adequació —dins dels quals s'inscriu la normativa lingüística.

L'aprenentatge de la normativa a primària en un context funcional

Imma Buñuel

Desenvolupar la competència lingüística i normativa té sentit quan s'insereix en el triangle ús-reflexió-sistematització; és a dir, ensenyar gramàtica de manera contextualitzada amb la implicació i la interacció reflexiva per afavorir la comprensió i l'acte comunicatiu. Es tracta d'una premissa arrelada en el discurs dels i les mestres, tot i que no sempre coincideix amb les pràctiques que es porten a terme a les aules.

Segons Duran i Manresa[1], «la metodologia que un docent adopta per ensenyar depèn, en bona mesura, del concepte que té del que és aprendre». En aquest cas podem dir de les seves creences sobre l'ensenyament/aprenentatge de la gramàtica.

Aleshores ens podem preguntar: Per què en els projectes de treball ens basem en l'interès i curiositat de l'alumnat i entenem que l'aprenentatge és un procés constructiu i, en canvi, quan fem gramàtica abandonem la creativitat i ens basem en la repetició i la transmissió? Per respondre'ns podem traçar algunes línies de reflexió:

- Una línia estaria emmarcada per la idea que ensenyar paradigmes gramaticals ens aporta seguretat com a docents: tot i que veiem que no afavoreix el desenvolupament d'un aprenentatge significatiu lligat a l'ús de l'alumne, ens manquen recursos i/o formació per poder fer un abordatge diferent.
- Una altra és que la transmissió de la gramàtica aïllada ens proporciona directament els indicadors de l'avaluació. Lligar-la a l'ús ens planteja diferents problemàtiques que, en no saber resoldre, ens porten a basar-nos en mètodes tradicionals.

A les aules, quan ens plategem el treball de la normativa, veiem que els nens i les nenes poden parlar i observar la llengua amb el mateix interès i passió que observen un animaló o una planta. Tot depèn de com els ajudem a reflexionar sobre el seu funcionament: Fem preguntes que els menin a descobrir? Utilitzem el diàleg i la interacció perquè puguin observar la llengua, la forma, les estructures lingüístiques i adquirir coneixements gramaticals? Els animem a investigar, fer-se preguntes sobre la llengua, reflexionar sobre la tria que fan d'una paraula, un verb, una frase... i el perquè la fan? Tenim en compte la funció cognitiva de la conversa estructurada que ajuda a establir ponts entre els usos i el coneixement lingüístic?

Usar la llengua no implica necessàriament que hi reflexionem; cal parlar-ne, pensar sobre el que escrivim. Aquesta reflexió és la que permet comprendre l'ús i transferir-lo a d'altres situacions.

1. Manresa, M.; Durán, C. (2011). Seqüències didàctiques per aprendre llengua i literatura. Dins: Anna Camps (coord.) *Llengua catalana i literatura. Investigació, innovació i bones pràctiques* (p. 167-206). Barcelona: Graó.

Contextualitzem-ho en un exemple: Escriure una carta o un correu electrònic. Imaginem que en un curs de primària s'estan treballant els ecosistemes a partir de l'observació de fenòmens que passen a l'hort de l'escola. El nens i nenes es plantegen demanar la col·laboració d'un expert perquè els vingui a fer una xerrada a l'aula i els ajudi a resoldre interrogants que tenen.

Com a mestres se'ns obre l'oportunitat d'ajudar els nostres alumnes a reflexionar, a nivell metalingüístic, a partir de la necessitat que ha sorgit a l'aula.

En primer lloc, caldrà plantejar-nos que abans d'escriure hem de tenir molt present el destinatari i, per tant, l'adequació i el registre que volem fer servir.

Haurem de prendre decisions sobre quines fórmules d'inici i de tancament farem servir i que triarem en funció del destinatari. Aquí tenim una oportunitat per treballar l'estructura sintàctica, atès que en la seva pròpia estructura conté semànticament una oració, encara que siguin enunciats no oracionals.

També ens caldrà *descriure* la situació en la qual ens trobem: qui som, com és el projecte que estem fent, per a què demanem la seva col·laboració en funció de les nostres necessitats, plantejant-nos quins són els verbs més adients, fet que ens porta a treballar *l'aspecte imperfectiu* dels temps verbals que fem servir per referir-nos a accions no acabades, aspecte propi de la descripció.

Integrem la *narració* explicant quines accions fem, quins passos hem seguit, com ho hem distribuït en el temps, en què estem treballant, si només fem servir l'espai de l'escola o treballem també a l'entorn... També tractem com necessàriament haurem d'incloure *verbs en aspecte perfectiu* (coses ja fetes) i en *aspecte imperfectiu* (coses que fem en el moment). És una oportunitat perquè els aprenents reflexionin sobre l'ús de la forma *perifràstica,* o per preguntar per què creuen que aquell verb s'anomena «perfet» o «imperfet», anàlisi que fem a partir de les seves pròpies hipòtesis i conjectures per arribar a construir la noció que els permetrà arribar a l'abstracció i a poder-ho transferir a d'altres situacions.

Per tant, des del punt de vista de la *temporalitat verbal,* la situació dóna per explicar què hem fet, què estem fent i què farem, per quines raons demanem la col·laboració i quines són les nostres necessitats per seguir avançant i és una altra oportunitat de treball conjunt sobre l'ordre de les accions, relacionat amb el passat, present i futur, i també amb el condicional (què podríem fer o com podríem créixer aprofitant l'ajuda de l'expert).

Aquest exemple també ens permet treballar *els principis de tematització* i *rematització* relacionats amb l'organització de la informació: quin és l'ordre dels elements a les frases? Comencem per la informació que el nostre destinatari coneix (*tema*), per introduir després la nova informació (*rema*)? o bé comencem pel rema, per cridar l'atenció del destinatari i després ho justifiquem amb el tema? Aquestes són decisions sobre les quals hem de reflexionar i que comporten que sintàcticament canviem l'ordre no marcat dels elements de l'oració, com ho fem de manera natural quan parlem. Per exemple podem escriure:

> Vostè és un expert en biodiversitat (tema), i necessitem més informació per poder continuar amb el nostre projecte (rema).
>
> O bé:
>
> Necessitem més informació per continuar amb el nostre projecte (rema), i vostè és un expert en biodiversitat (tema).

És important que els nens i nenes s'adonin que fer servir un ordre o un altre no és el mateix, que depèn de la intencionalitat i que, al mateix temps, percebin que la gramàtica també està al servei d'aquestes intencions.

A partir de situacions d'ús analitzem la llengua de la mateixa manera com ho fem amb d'altres aspectes. En aquest context significatiu tenim la necessitat d'escriure, pensar i prendre decisions pragmàtiques lligades directament a l'ús de la llengua en funció del que necessitem i de les nostres intencions.

Com a conclusió diria que a l'hora de plantejar-nos el treball de la normativa a primària caldria:

- Partir de situacions i usos reals i contextualitzats.
- Compartir amb l'alumnat: què fem, per què ho fem i què hem d'aprendre.
- Instal·lar l'interrogant, les preguntes que ens portin a analitzar l'ús a partir de la reflexió i el raonament, per construir un saber gramatical viu, útil i real.
- Acollir el raonament metalingüístic dels alumnes i fer-los participar activament en el seu procés d'aprenentatge.

- Potenciar la funció cognitiva de la conversa, fent que esdevingui el pont entre els usos i el coneixement lingüístic, explicitant allò que sabem, relacionant i confrontant coneixement a través del diàleg i la interacció.
- Observar la llengua manipulant, escrivint, transformant, experimentant i reflexionant entre tots per construir coneixement elaborat.

Reflexions sobre l'ensenyament de la normativa a l'ensenyament secundari

Carme Vilà Comajoan

Abans de res, vull agrair als organitzadors del Simposi que m'hagin convidat en aquesta taula rodona, que me n'ha fet molt present una altra en la qual vaig participar aquí mateix fa més de vint anys, amb l'enyoradíssim Joan Solà —i també, com ara, amb Assumpta Fargas—, en aquell cas sobre l'ensenyament de la sintaxi.

El tema plantejat és molt complex i demanaria sens dubte més espai que el que tenim aquí. Amb tot, intentaré parlar-ne prenent com a pretext la carta.

De cartes, els estudiants d'ensenyament secundari n'han d'escriure molt poques, però sí que n'han d'escriure moltes uns altres estudiants que també conec bé: els professors que s'han d'examinar del Mòdul 2 del Departament d'Ensenyament. I en els centenars de cartes que he ajudat a confegir, els aspectes que més costaven als aprenents giraven a l'entorn de la segona persona, especialment els tractaments (no sabien tractar de *vostè* en plural, barrejaven el tractament de *vostè* amb el de *vós*...), per bé que eren persones que havien cursat el batxillerat i una carrera universitària.

Com he dit abans, a l'ensenyament secundari es fan escriure poques cartes. Els estudiants confegeixen sobretot textos expositius, textos narratius (amb alguna seqüència descriptiva) i, a partir de 3r d'ESO i a batxillerat, a més, textos argumentatius. Tampoc no fem redactar pràcticament mai textos instructius o persuasius. I els estudiants, si no els ho indiquem explícitament, tampoc no inclouen diàlegs en els textos narratius, ni en els de ficció. Per tant, no solen aparèixer exponents lingüístics relacionats amb la segona persona, exponents que, en canvi, són ben freqüents en els textos que escriuen fora de l'àmbit acadèmic (missatges de mòbils, de correu electrònic, en xats...).

Vegem, a tall d'exemple, dos d'aquests exponents lingüístics:

- L'imperatiu i l'equivalent [*no* + present de subjuntiu] és un dels aspectes que provoca més errors normatius, especialment en la primera i la segona persona plurals. En són proves que *pugueu* s'escriu més sovint amb *o* que no pas amb *u* en català oriental, les ultracorreccions que afecten les dues primeres persones plurals d'imperatius fins i tot en títols de llibres i els nombrosos errors afavorits per la paronímia o l'homofonia entre formes d'imperatiu amb pronoms febles i altres formes verbals (*atura't/aturat, miri's/miris...*).

- Els tractaments: Fa quaranta anys no hauria calgut practicar a classe els tractaments de *vostè* i de *vós*, perquè fins i tot uns pares analfabets haurien pogut corregir els fills si haguessin constatat que no els dominaven. Actualment sí que cal practicar-los a classe, perquè de vegades fins i tot estudiants brillants són incapaços de mantenir un diàleg semblant al d'un caixer de supermercat amb un client tractant de vostè en singular —i encara menys de *vós* i de *vostè* en plural. I, en canvi, el currículum no destaca gens la importància dels tractaments, un aspecte clau a l'hora d'escriure una carta formal.

Tot seguit, vull apuntar unes reflexions que crec que hauríem de plantejar-nos en l'ensenyament de la normativa:

- Molts alumnes, especialment a 1r d'ESO, escriuen fonològicament. Caldria, és clar, que escrivissin «sintàcticament» i «morfològicament». Fa anys vaig constatar moltes vegades aquesta paradoxa: els alumnes dels tallers de nouvinguts, fins i tot aquells que nou mesos abans no havien estat alfabetitzats en cap llengua, escrivien correctament *hi ha* (sense coneixements teòrics, simplement havent treballat l'estructura) i, en canvi, molts alumnes catalanoparlants de 1r o de 2n d'ESO, escolaritzats durant més d'una dècada, escriuen *hi ha* de formes molt estrambòtiques (especialment *ia).*

- També caldria potenciar la memorització de la forma de les paraules, com fan les criatures angloparlants quan aprenen a escriure o els nostres alumnes quan escriuen en anglès. Seguint amb l'exemple anterior, si els alumnes haguessin potenciat la memòria visual segurament escriurien *hi ha* o, si més no, *i a, ja* o *i ha*, però mai *ia*. Només a través de la memòria visual no diferenciaríem *sabia* i *s'havia*, és clar, però si escrivim bé *Barcelona* no és pas pel coneixement de les regles d'ortografia, perquè un parlant del català central podria escriure aquest topònim de trenta-dues maneres diferents seguint escrupolosament les regles de relació entre so i grafia.
- Els exercicis d'omplir buits i similars (amb *atura't/aturat*, per exemple) poden provocar una reflexió necessària sobre unes formes, però no garanteixen que després les formes s'insereixin bé en un text. Per tant, aquells exercicis no substitueixen la redacció de textos, activitat que es troba a faltar molt sovint en alguna aula d'ensenyament secundari.

En conclusió, no podem ensenyar normativa com s'ha fet durant moltes dècades. Ha canviat el context social, la presència de l'estàndard oral i escrit i les eines a l'abast dels aprenents. Potser, doncs, hauríem de deixar d'explicar regles ortogràfiques molt poc productives. Posem per cas, no seria més ràpid i útil mostrar les poques paraules que contenen *u* amb dièresi sobre un hiat que no pas explicar-ne la regla? Quan nosaltres començàvem a escriure en català calia que aprenguéssim moltes de les regles que continuen apareixent pràcticament igual que fa quaranta anys en els llibres de text, però ara té més sentit, per exemple, que els nostres estudiants sàpiguen tractar de *vostè*, tant per comunicar-se eficaçment en moltes situacions com per escriure cartes formals.

La didàctica de l'ortografia i la formació dels futurs mestres

Assumpta Fargas Riera

Parlar d'ortografia en una taula rodona que es pregunta pel lloc que ocupa —o ha d'ocupar— l'adquisició de la competència normativa en el procés d'aprenentatge de la competència comunicativa pot semblar començar la casa per la teulada o agafar el rave per les fulles. Entre altres coses, perquè, deixant de banda aspectes essencials a l'hora de parlar de competència comunicativa, com ara l'adequació al context o la cohesió i la coherència, i cenyint-nos estrictament al terreny de la normativa, hi ha també altres aspectes molt més importants, com ara els que afecten el lèxic o la sintaxi, que no pas l'ortografia, tota vegada que aquesta, com deia sovint el nostre enyorat Joan Solà, és l'aspecte més superficial de la llengua com a sistema.

Això no obstant, tenint en compte per una banda que, malgrat tot, l'ensenyament-aprenentatge de l'ortografia és una qüestió que continua preocupant i, per una altra banda, que se m'ha demanat que en la meva intervenció abordi el tema de la normativa exclusivament des de la vessant gràfica, i tant pel que fa al seu ensenyament-aprenentatge en general com en la formació dels futurs mestres, miraré de presentar algunes reflexions en relació a com l'ortografia i el seu ensenyament poden integrar-se de manera efectiva en un enfocament de la llengua centrat en la competència comunicativa. Concretament, i en primer lloc, voldria plantejar un problema que crec que hi ha a la base de l'ortografia i del seu ensenyament; en segon lloc, apuntar-ne algunes causes; i, en tercer lloc, suggerir alguns camins que puguin ajudar a resoldre'l.

1. El problema

El problema que voldria plantejar és que crec que, en general, l'ortografia no acaba de trobar el seu lloc en les noves maneres d'ensenyar a aprendre llengua, en els enfocaments que podríem anomenar comunicatius, els quals prioritzen els aspectes funcionals o d'ús de la llengua per damunt dels referits al seu coneixement.

No cal dir que aquest canvi d'enfocament és del tot saludable per moltes raons. Entre altres, perquè ha deixat enrere plantejaments en què la normativa —per no dir l'ortografia— era l'únic o, si més no, l'eix principal a l'hora d'ensenyar llengua i ha donat pas a un treball més centrat en les habilitats comunicatives. Aquest canvi de perspectiva, però, crec que ha tingut dues conseqüències importants i en direccions oposades.

En uns casos, la introducció del plantejament comunicatiu ha significat deixar pràcticament de banda l'ortografia i el seu ensenyament, com a mínim el seu ensenyament sistemàtic, pel fet d'associar-se a una manera massa tradicional d'ensenyar llengua. Per contra, en uns altres casos la introducció del plantejament comunicatiu s'ha fet sense renunciar a l'ensenyament sistemàtic de l'ortografia, de manera que s'ha continuat treballant, però com un aspecte a part, deslligada de les habilitats comunicatives amb les quals està més associada, la lectura i l'expressió escrita.

Sigui com sigui, podríem dir que, en general, el resultat final en tots dos casos acaba sent el mateix i que ja coneixem: els aprenents continuen tenint mancances pel que fa a l'ortografia i els ensenyants continuen veient la necessitat d'ensenyar-ne. En definitiva, per dir-ho ras i curt, l'aposta per l'enfocament comunicatiu de la llengua no ha comportat els canvis en l'ensenyament de l'ortografia que se'n podrien i que se n'haurien hagut de derivar.

2. Les causes

De manera molt general, diria que aquest canvi a l'hora d'ensenyar ortografia no s'ha produït perquè no hi ha hagut un canvi en la visió de l'objecte d'estudi, és a dir, de l'ortografia en si mateixa; un canvi que hauria de ser el resultat d'una revisió a fons de com funciona realment l'ortografia, del fet de posar-la en relació amb el sistema de la llengua. Dit d'una altra manera, crec que per raons diverses (el tipus d'ensenyament rebut, la tradició, els materials, etc.), que després comentaré amb una mica més de detall, encara hi ha una visió de l'ortografia del català molt —per no dir massa— decantada cap a la predictibilitat, és a dir, a la regularitat, i per tant a les regles com a principal mecanisme per aprendre-la. Contràriament, es té massa poc en compte el fet que en l'ortografia catalana hi ha també —i molta— impredictibilitat, és a dir, una gran quantitat de casos que no es poden resoldre mitjançant una regla i per als quals només és útil servir-se del que, per entendre'ns, podem anomenar *memòria visual.*

Com acabem de dir, aquesta visió massa centrada en la regularitat i en les regles segurament es pot explicar per la situació anòmala que al llarg del temps ha viscut l'ensenyament de la llengua al nostre país i, per tant, es pot pensar que obeïa a una voluntat de facilitar-ne l'aprenentatge. Això no obstant, el que potser ja no té tanta justificació és que encara avui continuem trobant moltes mostres d'aquesta visió de l'ortografia en documents que justament haurien de ser agents d'innovació i de canvi, com ara els currículums i altres documents més o menys oficials o els llibres de text i els quaderns d'ortografia que publiquen editorials diverses.

Pel que fa als currículums, concretament el d'Educació Primària (2007), i sense entrar en detalls, crec que seria desitjable i urgent fer-ne una revisió a fons. I no tant de cara a concretar excessivament allò que cal introduir a cada curs, sinó per donar una visió de l'ortografia més ajustada al seu funcionament real, de manera que servís de guia i d'orientació a l'hora de ser ensenyada. I pel que fa als llibres de text i als quaderns d'ortografia, malgrat honroses excepcions, crec que continua havent-hi encara un pes excessiu de les regles com a instrument d'aprenentatge, sense deixar clar d'entrada que, en matèria d'ortografia, la memòria visual, estretament lligada a la capacitat de consultar i de dubtar, és un poderós —i de vegades l'únic— camí per aprendre com s'escriuen les paraules.

Per posar només uns quants exemples, podem constatar que sistemàticament en els materials hi continuen apareixent i s'hi continuen explicant regles inútils per als aprenents i per raons diverses: 1) perquè tenen poca potència, és a dir, perquè tenen tants casos que s'hi adiuen com excepcions. Aquest seria el cas, per exemple, de la «regla» —o pseudoregla— que estableix que els noms masculins acabats en *a* o *e* àtones s'escriuen amb *e*, sense tenir en compte que això és cert en menys del 75% de casos, ja que en un conjunt format per les 20.000 paraules més bàsiques, hi ha 916 substantius masculins, 588 dels quals s'escriuen amb una *e* final, però 328 s'escriuen amb una *a* final. Una «regla», sigui dit de passada, que Fabra no va formular mai, però que segurament, i per paral·lelisme amb la regla dels femenins acabats amb *a* —que sí que funciona–, algú en algun moment es va inventar i que s'ha anat perpetuant en el temps sense haver estat revisada. 2) Regles que són poc útils perquè són impossibles d'aplicar per a una gran majoria d'aprenents, com per exemple la que postula que davant de la grafia *n* s'escriu *v* i davant de la lletra *m* s'escriu *b*, ja que la seva llengua oral —de la qual parteixen a l'hora d'escriure— no distingeix entre aquests dos sons. I 3) regles inútils perquè són inaccessibles a determinats alumnes a causa dels coneixements lingüístics que requereixen i dels quals no disposen, com ara parlar de *gerundi* per explicar que aquesta forma verbal s'escriu amb una *t* final que no sona. La llista de regles falses en el sentit de poc útils, perquè són poc potents, impossibles d'aplicar o bé excessivament complexes, seria llarga, però ara no ens hi podem entretenir.

I en aquest mateix sentit, també pot ser bo preguntar-nos, per exemple, de què serveix que, immediatament després de l'explicació d'una «regla» s'introdueixi una llista d'excepcions que no fan altra cosa que deixar-la pràcticament sense sentit? O per què constantment es fan servir expressions tan vagues com ara «generalment», «algunes paraules», «en alguns casos», «de vegades», etc., les quals deixen l'aprenent en la més pura indefensió? O també, per què, per fer adonar que hi ha paraules que s'escriuen amb una *d* final que sona *t* es formula una regla segons la qual s'escriuen amb *d* les paraules acabades en *-etud* i *-itud*, si de paraules bàsiques acabades en *-etud* només n'hi ha tres i les acabades en *-itud* no arriben a la trentena? En aquests i molts d'altres casos, no seria més eficaç concretar de quantes i de quines paraules estem parlant? Dit d'una altra manera, per què sovint es vol donar «seguretat» on realment no n'hi ha? Repassant els llibres de text i la infinitat de quaderns d'ortografia que any rere any es publiquen ens podem i ens hauríem de fer aquestes i moltes altres preguntes.

3. Algunes propostes

Resumint una mica, crec que per ajudar a aprendre ortografia, en primer lloc caldria partir del fet que en l'ortografia del català hi ha regularitat i, per tant, predictibilitat, però que també hi ha impredictibilitat, la qual cosa, a banda de ser més ajustada al seu funcionament real, és la condició prèvia per adequar-hi la seva didàctica. Una didàctica que hauria de fer visible d'entrada aquesta doble condició de l'ortografia per tal de fer veure als aprenents que, si bé en uns casos hi ha regles que els poden ser útils, en molts altres casos en realitat no n'hi ha: sigui perquè les regles no són el que sembla o senzillament perquè no són possibles i, en conseqüència, la memòria i la consulta són imprescindibles per poder escriure sense faltes. Dit amb altres paraules, crec que, com deia fa un moment, convindria no crear falses expectatives als aprenents, és a dir, convindria donar seguretat on realment n'hi ha i, sobretot, no donar-ne quan no n'hi ha.

En segon lloc, aquesta altra manera de veure l'ortografia posa en evidència la necessitat d'aprofitar eines de què abans no disposàvem —i de les quals per sort avui disposem— però que potser encara no hem posat al servei d'una nova manera d'ensenyar ortografia. Em refereixo, sobretot, a les possibilitats que ens dóna la informàtica per dur a terme recerques rigoroses sobre la regularitat i la irregularitat de les formes gràfiques i per a la creació de bases de dades de paraules que facilitin l'elaboració de materials de suport a la docència, com ara cercadors de mots que continguin grafies en totes les posicions i que permetin un ensenyament més centrat en la recerca, la descoberta i la reflexió sobre el funcionament de l'ortografia per part dels aprenents.

I en tercer i darrer lloc, crec que convindria actualitzar alguns materials de què disposàvem temps enrere i que, inexplicablement, no han estat posats al dia. Em refereixo, per exemple, a tota mena de repertoris, reculls de paraules i vocabularis bàsics, i més concretament al *Vocabulari bàsic infantil i d'adults*,[2] graduat per edats i classificat per àmbits temàtics, un material realment útil i que enyorem molts dels qui ensenyem llengua des de fa una pila d'anys.

Tornant al començament i per cloure aquesta primera part, voldria apuntar quatre raons per les quals al meu entendre l'ortografia pot tenir —i ha de tenir— el seu lloc en un ensenyament comunicatiu de la llengua.

Una primera raó té a veure amb el fet que el plantejament comunicatiu de la llengua comporta donar molta importància a la capacitat d'expressar-se per escrit a través de textos de tota mena, uns textos que han de ser adequats al context en què estan inserits, cosa que ens ha de permetre més que mai fer veure als aprenents una de les principals funcions de l'ortografia: contribuir a la llegibilitat del text, és a dir, a fer la lectura més còmoda al lector, a no posar-li entrebancs que dificultin la seva comprensió; en definitiva, fer possible la comunicació amb els altres, en aquest cas, els lectors de l'escrit.

2. Assessoria de didàctica del català (1975). *Vocabulari bàsic infantil i d'adults*. Barcelona: Biblograf.

Una segona raó té a veure amb el fet que la capacitat d'expressar-se per escrit avui l'entenem com un procés recursiu de planificació, textualització i revisió, cosa que ens permet trobar el moment just en què ha d'intervenir l'ortografia: durant la revisió de l'escrit.

Una tercera raó per situar l'ortografia dins la producció del text és que ens assegura poder treballar paraules, grafies i expressions útils, ja que són les que els aprenents necessiten escriure. Tots sabem, per una banda, quantes paraules que de ben segur no haurem d'escriure en tota la nostra vida —i si per un cas de casos la necessitem per això són els diccionaris— apareixen en els exercicis de molts quaderns d'ortografia. I per una altra banda, també sabem que hi ha paraules que no hi apareixen mai o ben poc. Agafant com a exemple la redacció d'una carta, és més que probable que sigui una bona ocasió per parlar de l'ús i l'escriptura de paraules i fórmules per expressar comiat, com ara *adéu, a reveure, adéu-siau* i fins i tot *passi-ho bé,* les quals solen aparèixer poc en els exercicis d'ortografia convencionals. En aquest sentit, voldria afegir encara un parell de qüestions per veure la conveniència —i la necessitat— de situar l'ortografia dins la composició de textos: per una banda, el fet que bona part de les dificultats d'ortografia sovint no se situen en les paraules lexicals, sinó en les paraules funció o gramaticals, com ara els connectors, els pronoms, etc; i, per una altra banda, el pes notable que té l'homofonia en el català, la qual demana sempre un context per tal de ser resolta. Dit d'una altra manera, en l'ortografia s'hi manifesta de manera important el component gramatical i no només fonètic de la llengua, cosa que permet veure, a través de la cohesió, l'estreta relació entre text i ortografia i, al capdavall, la seva dimensió textual.

I encara una quarta i darrera raó per la qual crec que convé situar l'ortografia dins la producció d'un text és que és un lloc on prenen sentit l'aprenentatge i l'aplicació d'estratègies útils per escriure sense faltes. Per una banda, i de manera destacada, la consulta, no circumscrita només al diccionari en qualsevol format, sinó a tota mena de fonts (mestre, company, cartell, llibreta, etc.) i, per una altra banda, la capacitat de dubtar, una altra estratègia que també cal ensenyar i aprendre. En aquest sentit, la incorporació de l'aprenentatge per competències, sobretot la d'aprendre a aprendre i la de saber documentar-se, és una ocasió d'or que cal aprofitar i posar al servei d'un aprenentatge de l'ortografia eficaç i al mateix temps motivador per als aprenents.

4. La formació dels futurs mestres

Pel que fa a la formació dels futurs mestres, necessàriament seré molt breu, tant perquè no disposo de més temps com perquè ja hi ha hagut altres moments del Simposi en què s'ha abordat aquesta qüestió de manera més específica. Això no obstant, voldria aprofitar l'ocasió per aportar algunes dades respecte de la competència normativa dels estudiants de mestre. Unes dades que, tot i ser reduïdes i per tant poc representatives, crec que són ben rellevants.

En l'assignatura de Didàctica del llenguatge II, que vaig impartir als estudiants de tercer del Grau de Mestre d'Educació Primària durant el primer quadrimestre del curs 2013-14, d'un total de 43 alumnes, només 10 —menys de la quarta part— no van superar els deu errors de normativa —sense comptar les repeticions!— en les dues proves parcials i en el treball escrit de curs. I cal precisar, a més a més, que en les dues proves escrites els alumnes podien consultar el diccionari i que alguns, prèviament informats de la possibilitat —i conveniència— d'utilitzar el diccionari, fins i tot es van descuidar de portar-lo el dia de l'examen. Aquests resultats, més que a una manca de coneixements de normativa en sentit estricte, en molts casos segurament que es poden explicar per una manca d'hàbit en les estratègies de revisió i de consulta i també a una qüestió d'actituds, com ara el gust per la bona presentació dels treballs, la consciència del valor social de l'ortografia, etc.

En un qüestionari en què es demanava a aquests mateixos estudiants que escrivissin els tres adjectius que qualificaven millor la seva experiència escolar pel que fa a l'aprenentatge de l'ortografia i els tres substantius amb què associaven més l'ortografia, la majoria dels adjectius utilitzats en les respostes —el 63% per ser exactes— eren clarament negatius, com ara *repetitiu, avorrit, monòton, pesat* o *mecànic*. I pel que fa als substantius, els més utilitzats van ser *quadern, llibre, activitats,* i molt poques vegades *lectura, escriure, diccionari* o *joc*. I cal afegir encara que en aquest mateix qüestionari, en una pregunta referida a quina proporció de qüestions d'ortografia poden ser resoltes per mitjà d'una regla, més de la meitat dels estudiants van optar per l'opció «la majoria de casos», és a dir, per una resposta que posa clarament de manifest una visió de l'ortografia decantada pel cantó de la regularitat.

Crec que totes aquestes dades estan en absoluta consonància amb el que apuntàvem al començament en relació amb la visió i, sobretot, amb la necessària revisió de l'ortografia per tal que el seu ensenyament-aprenentatge, realment integrat en un plantejament que promogui la competència comunicativa, pugui esdevenir més eficaç.

CONCLUSIONS

CONCLUSIONS DEL IV SIMPOSI INTERNACIONAL SOBRE L'ENSENYAMENT DEL CATALÀ

Abans de presentar les conclusions del 4t Simposi Internacional sobre l'Ensenyament del Català, volem expressar un sincer agraïment a totes les institucions que han fet possible la present edició del Simposi i, en particular, a les persones que han representat aquestes institucions en els comitès organitzador i científic. També volem agrair als ponents, comunicants i assistents les seves aportacions. Al llarg d'aquests dos dies hem comptat amb l'assistència de més de 300 persones i s'ha presentat un total de 113 comunicacions, unes xifres que sens dubte són un índex de l'altíssim interès que desperta la convocatòria del Simposi, més de trenta anys després de la primera edició. Unes dades que encara són més significatives si tenim en compte les dificultats que, per causes diverses, en aquests moments pateixen molts dels centres de tots els àmbits educatius.

Els participants al 4t Simposi Internacional sobre l'Ensenyament del Català i els membres del seu comitè organitzador i del seu comitè científic han analitzat i valorat durant dos dies la situació actual de l'ensenyament del català i les seves perspectives i els reptes de futur. Aquest treball col·lectiu de reflexió ens porta a formular algunes conclusions. Per una banda, valorem molt positivament la tasca que les diferents institucions representades al Simposi han portat a terme durant els darrers 10 anys. En primer lloc, valorem el procés d'acollida lingüística de la població nouvinguda que, d'una manera molt massiva s'ha instal·lat a la nostra societat durant aquest període de temps, però també l'apropament de la llengua catalana a l'alumnat d'estudis superiors que ha triat Catalunya per a desenvolupar la seva formació o professionalització. En segon lloc, remarquem l'impacte que les tecnologies de la comunicació han tingut no només al sistema educatiu sinó al conjunt de la societat i com això ha produït canvis importants en la manera d'ensenyar i aprendre la llengua però també en la manera d'usar-la.

Així mateix, s'han posat en relleu algunes constatacions que ens plantegen reptes. Per una banda, les constatacions de signe positiu ens indiquen que anem pel bon camí; i, per una altra banda, les de signe oposat es converteixen en reptes de futur i ens porten a fer un seguit de propostes de millora.

Del conjunt d'aportacions derivades de la conferència inaugural, de les quatre ponències, de la taula rodona i del conjunt de comunicacions, volem destacar cinc aspectes:

- S'ha presentat un gran nombre de comunicacions fruit d'experiències didàctiques i, també, de manera especialment rellevant, un nombre elevat de comunicacions que són resultat de la recerca educativa. En concret, el 34% de les comunicacions presentades ha correspost a l'eix 2 (didàctica de la llengua); el 28% a l'eix 3 (adquisició i aprenentatge de llengües); el 25% a l'eix 1 (llengua, cultura, societat i polítiques educatives); i el 13% a l'eix 4 (formació del professorat).
- Assenyalem que han estat molt nombroses les comunicacions referides a l'ensenyament del català a l'estranger; i molt poques, en canvi (de fet, només una), les referides a l'ensenyament del català en territoris de l'Estat espanyol fora del domini lingüístic del català.
- S'ha de ressaltar l'interès per aplicar les propostes didàctiques innovadores presentades, que han versat sobre la introducció d'estratègies didàctiques concretes (aprenentatge entre iguals, ús de portafolis, etc.).
- És especialment rellevant el gran nombre de propostes que incorporen les tecnologies de la informació i la comunicació (les xarxes socials, sobretot) com a recurs didàctic i com a espai de relació, intercanvi i construcció del coneixement, tant dels ensenyants com dels aprenents. En aquest sentit, ens congratulem que la irrupció de les TIC a la vida social i també a les aules no s'hagi produït en detriment de l'ús de la llengua.
- Cal remarcar l'assumpció generalitzada de l'enfocament comunicatiu en l'ensenyament de la llengua, la qual cosa es tradueix en un augment de l'interès per aprofundir en el treball focalitzat en els aspectes funcionals i d'ús de la llengua, per tal

d'assolir l'objectiu de millorar les competències comunicatives i lingüístiques.

Aquestes constatacions posen en relleu el compromís dels docents amb la llengua i la cultura del país. Això no obstant, al costat d'aquestes observacions de signe positiu, que són encoratjadores, també se'n detecten algunes de signe contrari:

- El nivell insuficient d'ús real de la llengua entre els aprenents fora de l'aula i en tots els nivells educatius (infantil, primària, secundària, batxillerat, cicles formatius, adults i universitats), tot i que cal remarcar l'extensió d'algunes experiències positives, com les relacionades amb el voluntariat lingüístic en les seves diferents modalitats.
- Una escassa presència de la literatura en l'ensenyament de la llengua, cosa que també s'ha posat de manifest pel nombre reduït de comunicacions que han abordat aquesta temàtica, per bé que també es constata l'inici d'una inflexió de signe positiu en aquest sentit.
- Les mancances de la formació inicial dels professionals docents pel que fa als aspectes lingüístics i didàctics, encara que també es constaten propostes de millora tant en la formació inicial com en la permanent.
- La dificultat de consolidar i de traduir en propostes concretes i eficaces les noves maneres d'ensenyar llengua derivades de les investigacions més recents. Ens referim a la tan necessària com complexa integració del treball de reflexió sobre la llengua dins l'enfocament comunicatiu; a l'articulació pràctica del tractament integrat de llengües (TIL) i a l'aplicació del tractament integrat de llengües i continguts (TILC). En definitiva, s'ha evidenciat la urgència d'assegurar un model propi d'ensenyament plurilingüe que tingui en compte la nostra realitat específica.

Fruit d'aquest conjunt de constatacions, es considera oportú i necessari reclamar a tota la societat en general, al conjunt de la comunitat educativa i a les institucions de govern un seguit d'actituds i de mesures. En primer lloc, s'ha de continuar mantenint el compromís ferm amb la nostra llengua i la nostra cultura en tots els territoris de parla catalana; en segon lloc, s'ha d'insistir en la defensa decidida davant de qualsevol agressió a l'ús de la llengua catalana que impedeixi l'exercici dels nostres drets lingüístics; i, en tercer lloc, cal fer pinya amb les institucions en la defensa de l'escola catalana i de la immersió lingüística, les quals s'ha demostrat que han estat, són i han de continuar essent garantia indiscutible d'aprenentatge de la llengua, de cohesió social i d'igualtat d'oportunitats.

Més concretament, proposem les **mesures** següents:

1. **Sumar-nos a la reivindicació de donar un nou impuls al català a tots els territoris que el comparteixen**, al Principat, a la Catalunya Nord, al País Valencià, a les Illes Balears, a la Franja i a l'Alguer a través de polítiques que assegurin el reconeixement, el coneixement, l'ús i la unitat de la llengua catalana.
2. **Estendre l'ensenyament del català a l'Estat espanyol**, com a matèria optativa, tant a l'escola com a la universitat, amb l'objectiu de promoure el respecte que es mereixen totes les llengües.
3. **Potenciar la recerca sobre l'ensenyament i l'ús de la llengua** a tots els nivells educatius, i implicar-hi els mestres, els professors de secundària i els de persones adultes perquè puguin aportar-hi el seu coneixement i la seva experiència i puguin garantir-ne la transferència per a la seva aplicació a les aules.
4. **Promoure a les aules una autèntica integració del treball de reflexió sobre les estructures lingüístiques dins un enfocament comunicatiu de l'ensenyament de la llengua,** a través de la formació inicial i, sobretot, d'un pla específic i generalitzat de formació contínua.
5. **Aplicar estratègies metodològiques per al desenvolupament de la competència plurilingüe** que ha d'adquirir l'alumnat; una competència que s'ha d'entendre com la capacitat d'aprendre noves llengües al llarg de la vida, per mitjà de l'activació de la transferència lingüística, de l'estímul de la curiositat i de l'increment de la consciència lingüística, i no pas de l'acumulació de coneixements fragmentaris de llengües diverses, la qual cosa podria portar a una pugna pel nombre d'hores de docència entre les llengües ensenyades a les aules.

6. **Consolidar el model propi d'ensenyament del català en un entorn plurilingüe**, basat en una adaptació del tractament integrat de llengües que tingui en compte, d'acord amb la Llei d'Educació de Catalunya, les particularitats del nostre context i mantenint el català com a llengua normal d'ensenyament.

7. **Coresponsabilitzar els docents de tots els nivells educatius i de totes les àrees en la millora de les habilitats lingüístiques de l'alumnat**, per dues raons: d'una banda, perquè l'aplicació generalitzada de pràctiques comunicatives formatives és el millor camí per garantir l'adquisició d'un bon domini de la llengua en contextos reals; i, d'altra banda, perquè solament es pot produir una apropiació efectiva de coneixements nous en qualsevol àrea per mitjà d'una elaboració discursiva activa per part de l'aprenent.

8. **Incrementar el nivell d'exigència en la formació lingüística de tots els docents, atès que la llengua és la base de l'aprenentatge.** En aquest sentit, considerem que, a més dels requisits en llengua catalana i castellana que es demanaran a partir del curs 2014-2015 per a l'accés als graus de Mestre, el nivell dels quals encara es podria incrementar, convindria que aquesta exigència lingüística també fos tinguda en compte a l'hora d'accedir a la funció docent.

9. **Establir unes competències lingüístiques comunes exigibles als docents de totes les àrees**, de tots els àmbits i de tots els nivells (infantil, primària, secundària, batxillerat, formació professional, formació d'adults, universitat). Aquestes competències es podrien formular de la manera següent:

   a) Dominar la llengua i posseir la capacitat de modular-ne l'ús d'acord amb les característiques de l'alumnat, tenint en compte la seva diversitat, els objectius de cada etapa i el discurs i la terminologia propis de la seva disciplina acadèmica.

   b) Integrar com un element central de la seva funció d'ensenyants l'objectiu d'ajudar els alumnes a assolir el domini de la llengua tant oralment com per escrit.

10. **Incorporar en l'oferta d'optativitat de la formació inicial un perfil d'expert en llengua i la seva didàctica.** Aquesta incor-

poració, que podria adoptar fórmules diverses (menció oficial o d'universitat, itinerari o recorregut d'optativitat, etc.) s'hauria de distingir per una formació que capacités el futur mestre per exercir a l'escola el lideratge en tasques de formació, coordinació, desenvolupament i avaluació de projectes de millora i d'innovació en l'àmbit de llengües, unes tasques especialment necessàries a causa de la complexitat del context lingüístic actual.

En darrer lloc, proposem la **creació d'una associació d'ensenyants de llengua, de caràcter professional,** que ens permeti de mantenir un contacte continuat, entre edició i edició d'aquests Simposis, per tal de compartir bones pràctiques, reflexions, innovacions i noves recerques amb la voluntat d'avançar en la millora de l'ensenyament de la llengua.

Finalment, i lamentablement, una vegada més es fa necessari denunciar les agressions i fins i tot les vexacions que avui continuen patint la llengua catalana, l'escola catalana en llengua i en continguts i, en definitiva, tots els territoris que compartim la mateixa llengua. Ens sumem, doncs, al clam i a les accions de totes les entitats i col·lectius que cada dia i sense defallir defensen la llengua i l'escola catalanes al Principat, al País Valencià, a les Illes, a la Catalunya Nord, a la Franja i a l'Alguer.

Vic, 15 de juny de 2014

M. Carme Bernal, Mariona Casas, Francesc Codina, Llorenç Comajoan, Assumpta Fargas, Montserrat Gimeno i Teresa Puntí

Comissió redactora de les conclusions del 4t Simposi Internacional sobre l'Ensenyament del Català

ÍNDEX DE LES COMUNICACIONS (CD-ROM)

ÍNDEX DE LES COMUNICACIONS (CD-ROM)

Llengua, cultura, societat i polítiques educatives

Alba, Núria i Gimeno, Àlex. *El pla d'immersió lingüística a secundària: el tractament integrat de llengua i continguts*

Calafat, Rosa. *El Servei Lingüístic de la UIB: funció cultural i planificació lingüística; competència comunicativa i ensenyament del català*

Canal, Immaculada i Mayans, Pere. *Pla per a l'actualització de la metodologia d'immersió en l'actual context sociolingüístic (2007-2014)*

Casal, Silvana; Fradera, Maria i Torras, Oriol. *Grups de Facebook com a espai virtual als cursos de català per a adults*

Mayans, Pere i Sánchez, M. José. *L'acollida de l'alumnat de nacionalitat estrangera d'incorporació tardana als centres educatius d'ensenyament obligatori*

Oltra, Miquel A. i Pardo, Rosa M. *Actituds lingüístiques i ensenyament del català a València*

Pérez, Alba i Vila, F. Xavier. *El model lingüístic escolar i la generació d'autoconfiança lingüística en català: una primera aproximació*

Rovira, Marta. *2004-2014: Deu anys d'aules d'acollida a Catalunya. Una proposta d'anàlisi*

Didàctica de la llengua

Badia, Mònica. *El conte en un programa d'immersió lingüística (PIL)*

Berengueras, J. Ramon i Perearnau, Anna. *Les rúbriques d'avaluació en l'àmbit universitari*

Bernaus, Òscar i Sinner, Carsten. *La traducció com a eina d'aprenentatge d'una L2*

Bonet, Lluc. *Enfocament accional i ensenyament del català al cicle secundari de l'Académie de Montpeller*

Bori, Pau. *Les cultures estrangeres als llibres de text de català per a no catalanoparlants adults*

Bosch, Andreu i Cruz, Mar. *Descripció lingüística del català i del castellà mitjançant activitats col·laboratives en línia d'anàlisi de la creativitat lèxica amb estudiants de postgrau*

Calduch, Carme. *El treball dels temps verbals en català a través de tasques de traducció i reflexió metalingüística: un treball integrat de literatura, gramàtica i traducció per a l'ensenyament del català a l'exterior*

Domènech, Jordi. *Projecte C3: la construcció d'un marc lingüístic per investigar al laboratori*

López, Mònica. *El nivell superior de llengua catalana: de la presencialitat a la virtualitat*

Monferrer, Aina. *Potencialitats de la poesia per a l'ensenyament de la llengua i de la literatura catalana: reflexions i propostes a partir de la poesia de Vicent Andrés Estellés*

Mut, Joan. *Katalaani Helsingissä. Experiències i reflexions d'un lector novell a Finlàndia*

Portalés, Enric. *Les cartes al director, una eina d'aprenentatge*

Romero, Francesca i Montesinos, Anna I. *L'ensenyament del català per a fins específics a la Universitat Politècnica de València: canvi de paradigma i anàlisi dels resultats*

Rubio, Carme. *Sobre les col·leccions de textos d'autors clàssics dirigides als infants*

Sinner, Carsten i Bernaus, Òscar. *La realitat lingüística i sociolingüística a la classe de català com a L2*

Vidal, Anna i Baqueró, Eugènia. *Una adaptació de "Llegim en parella" a les aules del Consorci per a la Normalització Lingüística. Com millorar la lectura en veu alta i la comprensió lectora*

Vilardell, Laura i Pou, Ester. *Literatura i traducció a l'aula de CLE: un cas pràctic*

Adquisició i aprenentatge de llengües

Adrover, Margalida. *Aprendre català inicial en una xarxa social: anàlisi de la plataforma virtual Livemocha*

Canal, Immaculada. *Eina de diagnosi per reflexionar sobre l'aplicació del Programa d'immersió*

Candela, Àngels. *Tractament integrat de llengua i continguts a l'àrea de ciències socials*

Carrera, Josefina; Cabrera, Maria; Creus, Imma; Feliu, Lea; Fernández, Ana; Font-Rotchés, M. Dolors; Güell, Roser; Julià-Muné, Joan; Lloret, M. Rosa; Pons-Moll, Clàudia; Reguant, Gemma; Rius-Escudé, Agnès; Roseano, Paolo i Torras, Francina. *Guies de pronunciació del català per a no-catalanoparlants*

Casals, Albert i Sabater, Maria Dolors. *Glosar: un recurs pedagògic i lúdic*

Fabà, Albert i Solé, Joan. *L'impacte dels cursos de català per a adults a Catalunya*

Farré, Antònia i Masip, Carme. *Què relaciones amb...? Què et suggereix...? Pau Casals, l'Antàrtida, Jaume I, Anna Frank, la Diada... Un model integrador d'ensenyament i d'aprenentatge de la llengua catalana al 1r cicle de l'ESO*

Flores, Marta i Duran, David. *Desenvolupant la competència lectora catalana mitjançant la tutoria entre iguals*

Gràcia, Annabel. *El procés d'aprenentatge del català a l'Estat espanyol. El cas dels estudiants de Granada*

Marco, Anna. *Enrola't.cat. Jocs de rol: una eina educativa per a la millora de la llengua oral*

Martí, Imma. *L'ensenyament de CLE dins l'Espai Europeu d'Educació Superior: la Qualificació Complementària en llengua i cultura catalanes a Alemanya*

Peix, Rita. *El "Sac d'històries" dins l'ensenyament bilingüe francès-català a la Catalunya del Nord*

Puigdomènech, Laura. *Orientacions per saber interpretar i usar el MECR en el nostre context: l'experiència de la nova prova de nivell C2 de català*

Vidal, Artur. *De la Xina a Catalunya: aprenem llengua a l'aula d'acollida*

Formació del professorat

Caillis, Florència. *Els gestos professionals en classe bilingüe francès-català a través de les representacions, creences i sabers dels ensenyants de pràctiques*

Devís, Empar. *Propostes didàctiques per a l'estudi de l'entonació de cortesia atenuant del català com a llengua estrangera*

Ginebra, Jordi. *¿Quines normes sintàctiques hem d'ensenyar?*

Martí, Alícia i Garcia, Pilar. *Els projectes de llengua en la formació del futur professorat de secundària*

Medina, Ferran. *L'ensenyament protegit: un protocol educatiu que integra el desenvolupament de la llengua d'instrucció com a L2 amb els continguts curriculars*

Payés, Montserrat i Casares, Martí. *Identificació i desplegament de les competències bàsiques en l'àmbit lingüístic. Educació primària*

Prim, Ester; Forcada, Teresa i González, Anna M. *Capses d'anada i tornada. Del jo al nosaltres*

Quinquer, Dolors. *Escriure per aprendre i per aprendre a escriure*

Sánchez-Quintana, Núria i Fons, Montserrat. *Creences de famílies i docents sobre l'educació lingüística en contextos de diversitat lingüística i cultural*

Vingut, Marta Ana. *Llengua i escola infantil en contextos plurilingües a Catalunya*